什么样的人在中国创业可能成功

WHO COULD BE THE SUCCESSFUL ENTREPRENEURS IN CHINA

■ 李怀忠 著

中国金融出版社

责任编辑：罗邦敏　单翠霞
责任校对：张志文
责任印制：毛春明

图书在版编目（CIP）数据

什么样的人在中国创业可能成功（Shenmoyang de ren zai Zhongguo Chuangye Keneng Chenggong）/李怀忠著．—北京：中国金融出版社，2011.4

ISBN 978-7-5049-5881-5

Ⅰ．①什…　Ⅱ．①李…　Ⅲ．①企业管理—研究—中国　Ⅳ．①F279.23

中国版本图书馆 CIP 数据核字（2011）第 047584 号

出版发行　中国金融出版社
社址　北京市丰台区益泽路 2 号
市场开发部　(010)63266347，63805472，63439533（传真）
网上书店　http://www.chinafph.com
(010)63286832，63365686（传真）
读者服务部　(010)66070833，62568380
邮编　100071
经销　新华书店
印刷　北京松源印刷有限公司
尺寸　169 毫米×239 毫米
印张　13
字数　157 千
版次　2011 年 4 月第 1 版
印次　2011 年 4 月第 1 次印刷
定价　23.00 元
ISBN 978-7-5049-5881-5/F.5441

序

千禧年的春节一过，我就投资了一个由商学院两位同班同学创办的企业——网上钢材电子商务，那是我作为天使投资者的第一次投资，至今已有十多年的时间了。在此期间，我陆续跟踪的创业投资家以及一些怀有梦想、将要创业的人超过了300个，具体跟进的投资者也有200多个，在这些人当中，有很多创业成功的，但也不乏失败的。他们的许多经历促使我想动笔写一本书，关于创业的书，关于在中国创业的书，我想用我所了解到的一些创业故事作一个总结：什么样的人在中国创业可能成功。希望我的总结可以给大家带来一些提示和启发。

“什么样的人”

我们并不是先天论者，有些特质也许是与生俱来的，但也有很多是后天培养起来的，从小学直到大学教育及继续教育等。

所以“什么样的人”更确切的说法是“具备什么样特质的人”。

“在中国”

全球创业者都有一些共同的地方，有关国外的创业者特别是在美国硅谷创业成功者的分析已经有一部分了，其中有一些经验是可以借鉴学习的，但有一些由于人种不同、文化不同，加上本书感兴趣的是“在中国”，更重要的是由于中国改革开放30多年走了一条与世界各国不同的道路，中国的创业会与国外不尽相同。

“创业”

我常常想起我在中学时代读的至今都影响我的一本书——苏联作家尼古拉·奥斯特洛夫斯基的长篇小说《钢铁是怎样炼成的》，小说主人公保尔·柯察金曾说过这样一句话：“一个人的一生应该这样度过：当他回首往事时，不会因为虚度年华而悔恨，也不会因为碌碌无为而羞愧。”时隔这么多年，至今读起这句话时我依然感到非常震撼。

链家和中国房地产研究中心2010年3月份推出的一份研究报告指出，北京地区购买第一套房的平均年龄是27岁，远远低于我国其他省份甚至外国的年轻人。这份数据让我陷入深思：为什么现在的年轻人宁愿早早地为得到一套房子而奋斗，却不愿意去为自己的创业理想作准备。

“可能”

这是一种大数原则，就是说一个人应该在他人生阶段中成功概率最高的时候选择创业，当然不是每一个人都能把握好创业的时机，但是有意识地寻求这种时机是必要的。

并不是所有的人都适合创业。

并不是所有的时候都适合创业。

天时地利人和，是水到渠成的事情。

并不是在人生所有的阶段都适合创业，创业一定有成功有失败，而且失败的可能性更大。

“成功”

何谓成功?

企业家成功的定义：为社会创造财富，为国家增加税收，为人民提供就业。

我要感谢为本书付出辛勤汗水的上海晴寒投资有限公司的郭涛、顾丹、周慧、刘双、向导，中国作家协会的尹超，以及中国金融出版社的王效端。

拙作杀青之际正好是母校清华大学百年校庆，我谨以此书作为薄礼。

李怀忠
2011 年 3 月 20 日

目　录

什么样的人在中国创业可能成功

◎我为什么要写这样一本书

◎时代要求与中国人的性格局限

◎创业者是大海上的冒险家

◎创业者是那颗肩负使命的天星

◎创业者是一只能够忍耐与坚持的乌龟

>> 我为什么要写这样一本书

我们希望这样的一本书能够带给您什么呢?

现在市面上各种各样的有关创业和成功学的书良莠不齐、汗牛充栋，读者朋友们早就无所适从，应接不暇，但可以确定的是，目前市面上关于系统分析成功创业者的书籍寥寥无几，我们最多只能找到一些半自传式的经验之谈，或者是某位成功人士针对个人的分析。所以，我们想要做的是把大家的经验放在一起，把我们所能找到的所有可靠的资料和数据放在一起，加上对比和分析，希望您可以在里面挑出最适合自己的方式和方法去创业，帮助那些想创业的朋友发现自己的成功之路，并给予那些有创业梦想的朋友一种勇气和力量，一种将自己的梦想付诸现实的勇气和力量。

就像人口普查的时候，没有人可以把数据具体到每个人头上一样，我们也无法把每一位创业成功者的故事说完，但是我们找到了大量国内外上市公司的成功案例及数据，回到创业者当初的基本情况和状态，加以分析概括，我们相信，您能看得出这些结论是具有代表性和说服力的。

>> 时代要求与中国人的性格局限

中国当代著名学者林语堂先生曾经在 1935 年出版了一本叫《吾国与吾民》（又名《中国人》）的书，当时在海内外引起了不小的轰动，此书准确而简练地总结出中国人的性格：圆熟、忍耐、无可无不可、老猾俏皮、和平、知足、幽默、保守。时隔 75 年我们再来看这些性格描述，依然适用于现在的中国人。在这种情况下，我告诉你，我们目前的中国人更加需要的是创业所具备的创新和冒险精神。

只有这样，我们才会成功!

创业者是大海上的冒险家

创业者要有冒险精神，这是创业者与普通人的区别所在。创业者不仅要承担财务风险，还要经历各种不确定性带来的心理压力，没有冒险精神的人就不会走出创业的第一步。创业者是引领企业之船航向商业大海的船长，是一位征服大海的冒险家，在大海中无论遇到多大的波浪、风雨、海怪、敌人，他都必须承受住各种各样的危机带来的无穷无尽的压力，引导着水手们扬帆远进，最终才能到达那片美丽的成功岛屿，找到那失落在经济与商业深海中的宝藏。

市场竞争中不存在无风险之收益，宏观的、微观的、市场的、非市场的风险总在创业者周围弥漫。除此之外，创业者总要在各种诱惑、选择中作艰难抉择。所以，一个创业者如果没有一点冒险精神，没有敢决断的胆识与魄力，是要错失掉各种发展机遇的。

创业需要胆量，需要冒险。冒险精神是创业家精神的一个重要组成部分，但冒险精神并不是冒进，创业家的冒险，迥异于冒进，它是有智谋的突破，是有勇有谋的前行。无知的冒进只会使事情变得更糟，使行为变得毫无意义，并且惹人耻笑。

冒险精神就是要求创业者时时刻刻拥有对市场决断的勇气与洞察力，能审时度势地在复杂环境与情况下洞察到事物的内在本质和运动发展趋势，能通过各种渠道认真听取与分析各方面意见，并不失时机地作出科学合理的决策。

独树一帜的预见能力，是创业者战胜对手的法宝。

创业者是那颗肩负使命的天星

创业者是企业的核心，也是那颗肩负着使命的天星，只有强烈的责任感、使命感，才能使创业者无论遇到什么样的困难，都有完成事业的决心。他指引着跟随者，以极大的勇气奔向企业的未来。而责任感体现了创业者的工作态度和工作作风，这是创业成功的关键和保证。

创业者要正直、诚信，对公司、员工、投资者、客户都要有强烈的责任感。一个企业是否信守承诺是能否赢得客户的重要保证。

社会责任不该是一个空的概念，也不单纯局限于慈善、捐款，而是与企业的价值观、用人机制、商业模式等息息相关。让员工快乐工作成长，让用户得到满意服务，让社会感觉到我们存在的价值，这才是企业的社会责任感所在，至于赚钱和社会回报，那是水到渠成的事。

只有将责任感融入企业核心价值体系和商业模式中，一个企业才能行之久远，一个创业者才能获得真正的成功。

与此同时，随着风险投资参与创业企业的案例越来越多，风险投资将钱交给创业者支配的时候，有些缺乏责任意识的创业者往往把吸引风险投资看做是事业成功的标志，把风险投资当做“圈钱游戏”来做，抑或抱着“反正是别人的钱”的想法来做企业，这些都是缺乏责任感的想法。

缺乏责任感，最大的表现就是只算计个人得失，只顾个人利益，注重眼前利益胜过长远利益。

因此，这种责任感不仅是对自己的利益负责，也包括对企业员工、社会、投资者的利益负责。只有具备责任感的创业者，才能考虑到企业的长远发展，才能引领企业持续成功。

创业者是一只能够忍耐与坚持的乌龟

我们看到有些创业者在短短几年时间里就把企业做大，宛如一个气球突然吹得很鼓，这个固然好，但是更多的企业则是慢慢地、一点一滴地、通过很长的时间才能研制出一款符合市场需求的产品，或者达到一定的销售规模，最终获得成功。气球匀速扩大不会有突如其来的爆炸危险，不像有的企业鼓得快，爆得也快，这就是缘于缺乏耐心与坚持。这当中可能会碰到很多挫折，没有一个企业在成长的历程中不经历一点风浪。作为创业者，要有足够的耐心去坚持他们创业之初的理想。他们一定要耐着性子，像龟兔赛跑中的乌龟那样，在屈辱中忍耐嘲笑，在嘲笑中坚持前进，直到获得最后的胜利。

“坚持”说起来容易做起来却难，看到那些快速成功的案例，很多创业者会耐不住性子竞相模仿，出来一个新的商业模式，又会转变方向，跟风而上，没有自己的主心骨，始终反复地犯着同样的错误，归根到底就是没有坚持自己原来的想法。

创业成功的六大要素

◎创业成功第一要素：超强心理素质

◎创业成功第二要素：高学历

◎创业成功第三要素：动手和实践

◎创业成功第四要素：经验

◎创业成功第五要素：三十而立

◎创业成功第六要素：家好万事牛

讲创业，讲创业成功，我们的目光总是看到那些创业成功的人，他们为什么成功，为什么能够在千百万的创业者中，成为佼佼者呢？

我不知道。

但是，我根据对中国内地创业板、内地中小板、香港创业板和美国纳斯达克等上市公司成功案例的研究，得到了成功的创业企业家的特征，这就是我苦苦寻找的创业成功的六大要素。

下面是我就这六大要素所作的特征分析。我主要基于创业企业家所具备的心理素质、教育程度、学科背景、工作经历、创业年龄、创业时间、家庭背景等要素，最终得出一个综合结论，回答了在中国什么样的人创业最有可能成功。

创业成功第一要素：超强心理素质

心理素质好的创业者，成功的可能性更高。

创业，意味着你开始带领一个团队，打一场企业发展的战斗。在这个过程中，你会遇到无数的挫折，无数的风险，有可能会濒临失败的边缘，也有可能彻底失败。这是一条高风险、带着心跳节拍的道路，但又显得无比刺激和激动人心。如果没有超强的心理素质，无法承受住来自各方面的压力，就无法化解各种各样的危机。因此，心理素质超强的人，更有可能创业成功。

由于创业者的心理素质极为重要，后面我们会用一整章来进行研究分析，并且作专门的测试，详见后文《创业者素质研究资料》。

创业成功第二要素：高学历

我想说的是，具有高学历的创业者成功的可能性更高。

从创业板创业高管的学历来看，40.94%的高管拥有本科学历，40.3%的高管拥有硕士研究生学历，7.25%的高管拥有博士研究生学历，本科以下的创业高管仅有10.23%，另外有1.28%的高管无法获得其学历资料。就高管所学专业与创业公司所属行业来看，有43.92%的高管从事行业与所学专业对口，而有20.9%的高管从事的行业与所学专业并不对口，另外有35.18%的高管由于其专业数据未知而无法判断。其中有6.4%的高管有海外留学背景，其余92.75%的高管为国内学校教育，另外有0.85%的高管无法判断其学历情况。

而根据统计样本中已经公开的中小板上市公司创始人的个人资料，中小板上市公司创始人的学历分布比较平均，拥有大专及大专以下学历的创始人占36.48%，拥有本科学历的创始人占32.70%，拥有本科以上学历的创始人占30.82%。相比较而言，大专及大专以下学历的创始人所占的比重最高。在统计的159个样本中，小学学历的创始人有1例，初中学历的创始人有2例，高中学历的创始人有4例，中专学历的创始人有4例，即大专以下学历的创始人占6.92%，大专学历的创始人占29.56%，合计占36.48%。而在所有案例中，具有教授职称的创始人有15例，占总数的9%，具有参与或主持省级/国家级科研项目研究或者获得发明专利、获得省级国家级等各种科技奖项以及享受政府特殊津贴待遇的创始人有20例，占样本总数的13%。

创业成功第二要素研究：教育背景

通常而言，受过高等教育的创业者在知识结构和学习能力上要比没有受过高等教育的创业者稍强，特别是在某些高科技行业，我们所看到的创业者绝大部分是受过国内高等教育或者海外留学归国的高才生。但并不是说学历越高就一定能创业成功，学历对创业的影响主要体现在知识上，而创业成功的其他影响因素则并不与学历直接联系，所以学历只是成功特征的其中之一。

卢西尔（Lussier）的研究指出，没有受过大专教育的创业者比受过大专教育的创业者较容易失败。

布罗克豪斯的研究也指出，创业企业家受教育的平均程度高于一般大众，且不同产业的创业企业家受教育程度亦不同，如高科技产业的创业企业家平均学历要比一般产业的创业企业家的平均学历高。

这些情况都说明，在创业成功者当中，教育背景也是一项相当重要的因素。也许，对于风险投资家来说，在一无所有的情况下，他最初看重的，恰恰只能是教育背景，教育背景良好者，更加容易获得信赖和追随。

中国的教育制度在一定程度上扼杀了中国人的想象力和创造力。

“学好数理化，走遍天下都不怕。”这是我们从小就被灌输的理论，然后就是上课要认真听讲，课后要认真完成作业，背英语、背政治、背语文、背历史、背物理定理……永远死记硬背。学生学习的内容就是围绕着几本教科书，衡量学习情况的标准就只是考试成绩。有没有人统计过中国的学生从小学一直到大学毕业一共要经历多少次考试？大考有高考、中考，小考小到周考、月考，好像学身就是为了考试而学习。最终的结果就是，每个人的思考方式都是一样的，只有成绩好才是好学生，造成了最好的学习也是死读书，最终就成了读死书，思想里仅存的只有照搬照套，不会有自己创造性的思考，生怕自己想出来的得不到高分，所有的都是标准化答案，千篇一律。

这个问题，其实老师也有很大的责任。但是，老师有成绩考核的压力，所以教的内容就只能局限于教学大纲之内，不敢有自己的开拓性教学，否则不但会白教了，还会砸了自己的饭碗。可悲，可叹，孩子们的创造力、想象力就这么被同化了、压制了，长大之后，就成了麻木而无自己思想的人。

“唯分数论”就是我国目前教育体制最突出的特点，究其弊端可列举以下种种。

1. 人脑思维的僵化

人脑思维的僵化也就是思维标准化，它是扼杀中国人创新思维的首要因素，也是应试教育不可避免的后果。标准化试题，标准化作答，超出标准化答案就拿不到高分，这样的思维方式已经使我们学生的思维越来越趋同，想象力越来越枯竭，满脑子装的全是标准答案，不敢越雷池半步，不敢从另一个角度看问题，对待事物。高考的一考定终身就是最好的例证，好像我们读的十几年书就是为了这一次考试，因一次高考的失利而自暴自弃甚至自杀的学生也不在少数。

2. 学的东西用不上，用的东西学不了

学生不能主动地、有效地将所学的知识运用到生活中去，缺乏学以致用的愿望与实践。

我们的教育是灌输式的、背诵式的，关于学习的收获似乎连老师都很少提及，这其实很可悲，我们没有意识到学习的真正目的，我们的学习永远是被动的、填鸭式的。不断的题海战术，已经使得我们无法思考，无法体验到学习的真正乐趣，反而会对学习、对学校产生厌恶，这真是适得其反。

笔者认为体验式、发现式的学习，使得学生能够活学活用，学习的知识是充满活力的，这样的学习才是主动的。我国早期的私塾教育以及西方的一些教育实践值得我们借鉴。

记住，学习最终的目的是为了得到知识、提高能力，而不是为了考试过关！

3. 想象力的短路和断路

想象力就是发散性思维。心理学上认为，聚合思维是以逻辑思维为基础的，强调事物的相互关系，追求问题解决的唯一答案；而发散思维则不强调事物间的相互关系，它主张同一问题从不同角度思考，得出不同答

案。我们的应试教育却只注重培养学生的逻辑思维能力，解题的思路往往是单一的、确定的，久而久之，学生的想象力日益下降，也不愿去探寻其他的解题方法，不会从新的方面解读问题，从而逐渐抹杀了学生的创造力。爱因斯坦曾说过："想象力比知识更重要，因为知识是有限的，而想象力概括着世界上的一切，推动着进步且是知识进步的源泉。"爱因斯坦的成功就在于他的发散思维与聚合思维同步发展，互为补充，二者并不会相互排斥，互为冲突。想象力和逻辑思维结合，才能推陈出新，有所创造。

而我们的教育，导致了想象力不是短路就是断路，想象的电力无法流通，人脑也就死机了。

4. 创造力遭到盲目殴打

创造力一向被我们认为是牛顿、爱迪生、爱因斯坦这样的天才科学家才具有的特殊能力，普通人这辈子恐怕永远都不会有。其实创造力是人人都与生俱来的能力，只是需要我们不断地加以发掘和利用，它是多元化的，生活中无处不在。可见，创新能力人人皆有，就看你用在什么地方。我们的教育正是因为缺乏鼓励学生去探索、去开创，反之夸大了对一些学术权威的盲目崇拜，使得我们的学生缺乏自信，只会随大溜儿，不会独辟蹊径，也就更加无法开发自身的创造力了。

这些情况让我们不得不担心我们的教育是不是出了问题。那么，我们看看国外的教育有什么特点，我们是否可以借鉴国外的教育体制呢？

1. 合作学习和过程学习

国外提倡"合作学习"，但不排斥独立学习、竞争学习。在教学的过程中，老师不仅重视学习的结果，如记住了什么，记住了多少，而且他们更重视学习的过程。例如国外注重课堂学习知识之外的学习小组合作完成学术模型或者是运用不同的方式完成论证。相对于国内的应试教育，国外更注重的是能力的培养，活学活用，鼓励创新。

2. 重视自信心的培养

在国外的学校里，老师会尽量避免在公众场合挫伤学生的自尊心，避免不具体的表扬和批评。老师的教学和测试，最主要的是让学生感到尽了自己最大的努力而获得了提升，相反，具体的成绩则是次要的。教师努力让学生培养并增强自己的自信心，并且不断地肯定他，使得学生拥有不断向上攀登的成就感。其次是注重培养学生尊重事实，能够理解和允许不同意见，甚至反对意见，而且也鼓励学生敢于提不同意见。

3. 对权利、责任、义务的重视

每个学生都知道他们享有的权利，谁侵犯了他们的权利，就是违法，就可以起诉，法制意识非常明确，较少有逆来顺受、毫无个性的特质。但在强调权利的同时，也十分强调责任和义务，保障权利，就要承担相应的责任，对自己、对他人、对父母、对社会、对国家，都要有责任。这也许就是美国人为什么如此注重知识产权保护的原因所在，这是他们从小根深蒂固的思想理念。

经过三十几年的教育体制改革，我国的教育体制也有了一定程度上的改善，随着现在中外交流的日益频繁，教育者也已逐渐认识到原有的不足。现如今不少高校已不再一味地依高分取才，而是在高考前即根据学校老师的各方面评价推荐入学，也有不少高校效仿国外的两年国内学校学分制学习加两年国外学校学习和实践相结合的方式来完成大学教育。这些方面的改善让我们看到了中国创造的希望，在未来的“90后”、21世纪的新生代中，中国创造就是他们的重任，我们也相信他们有这样的能力去胜任。

>> 创业成功第三要素：动手和实践

我想说的是，经过研究，我发现具有理工科背景的创业者创业成功的可能性高于文科专业的学生。

据笔者统计，在已上市的创业板公司中的469位高管中，学习理工科的人数达到342人，占总人数的72.92%，而文科和商科类专业毕业的高管占27.08%。

从中小板创业成功的案例来看，学科背景的分布也具有明显的特征，理工科案例占到总数的77%，文科案例占到23%。

为什么会这样?

这个道理其实很简单，理工科学生在校动手机会较多，实践机会较多，相对解决问题的能力强一些，非理工科毕业生相对来说纸上谈兵的机会多一些。而创业不是纸上谈兵，必须要亲身、亲自、亲手去做项目、谈生意、管理企业，等等。

创业成功第三要素研究：学科背景

理工科和文科创业谁厉害?

文科生与理科生所关注的学科领域不同，因此造成了思维方式等方面的不同。理科生可能更擅长逻辑思维，文科生往往比较感性，这些学科造就的差异就会导致创业者的差异。思维理性和逻辑性强是理科生的最大优势，这是理科生在创业的时候相比文科生具备的第一个优势。理科生思维理性、逻辑性强，在涉及创业领域选择的时候更容易选择对口专业，同时理科生在学校时就容易获得科研成果或发明专利，在获得第一桶金方面更具竞争力。

文科生创业的优势在于表达能力强、善于沟通，同时文科生接触的知识面广，文字能力强，通常而言，文科生创业项目与社会生活联系比较紧密。同时，文科生更有艺术想象力，在从事广告、策划、影视媒体等方面比理科生更加富有感染力和创新能力。这是文科生的优势。

理工科毕业生成功探秘

在实际的成功案例中，理工科背景的创业者成功的比例远远高于非理工科背景的创业者。为什么理工科的毕业生创业相对非理工科的毕业生易于成功呢？

表1显示了两张大学课程表，一个是清华大学化工系高分子材料专业，另一张是北京大学中文系语言专业，一对比，一目了然。

表1　　理工科和文科课程表对比

清华大学化工系高分子材料专业	北京大学中文系语言专业
自然科学基础课程	基础必修课程
（1）数学	大学英语
微积分	毛泽东思想概论
几何与代数	思想品德
随机数学方法	马克思主义哲学原理
概率与数理统计	当代世界政治与经济
数学实验	资本主义经济概论
（2）物理	邓小平理论
大学物理	体育
物理实验	文科计算机基础
专业相关课程	军事理论与军事训练
（1）工程技术基础课	专业基础课程
无机与分析化学	现代汉语
无机及分析化学实验	古代汉语
物理化学	中国古代文学史
物理化学实验	中国现代文学
有机化学	中国当代文学
有机化学实验	语言学概论
生物化学原理	中文工具书
分子生物学导论	专业选修课程
电工与电子技术	高等数学
机械设计基础	线性代数
金工实习	集合论与代数结构

续表

清华大学化工系高分子材料专业	北京大学中文系语言专业
仪器分析	数据结构
仪器分析实验	数据库基础
计算机程序设计基础	概率论与数理统计
(2) 专业基础课 25 学分	数理逻辑
化工原理	编译原理
传递过程原理	现代汉语语法研究
反应工程基础	理论语言学
化工热力学	学年论文
化工工艺与设备设计	全校通选课程
化工实验	数学模型
(3) 专业相关选修课	心理学概论
化学工程与高分子科学导论	科学通史
化工过程控制	脑科学导论
化工前沿讲座	西方哲学导论
生物化工基础	C 语言程序设计
流态化反应工程	汉语和汉语研究
工业催化	建议选修课程
高分子材料科学基础	文学原理
化工过程优化	原典精读
化工过程分析与模拟	中国古代文化
石油化工工艺学	古代典籍概要
基因工程原理与应用	中文信息处理基础
工业微生物及其应用	语言工程（含实践课）
无机材料工艺学基础	计算概论
细胞培养工程	微机原理
高分子化学	操作系统原理
高分子物理	中国语言学史
文献检索与利用（化工类）	汉语方言学
	汉语音韵学
	现代汉语词汇专题
	现代汉语虚词研究
	实验语音学基础
	古汉语词汇专题
	汉语史

大学里有句顺口溜："理工理工，搞完物理搞化工；文科文科，多读文学不挂科。"虽然事实未必如此，但从中可以看出，这两个学科的侧重点确实不一样。

从表 1 中我们可以看到，理工科学生动手实践的课程几乎占到了一半，而且每年都有接触社会实践的机会，文科学生的课程是以理论性为主导，更多的是进行文字阅读和理解。

>> 创业成功第四要素：经验

我想说的是：创业之前拥有 5 年以上工作经验的创业者成功的可能性高于没有工作经验的创业者。

在中小板成功创业者中，从创业前的工作年限来看，仅有 3% 的成功创业者拥有低于 5 年的工作经验，14% 的创业者在创业之前有 5～9 年的工作经验，约 26% 的创业者拥有 10～14 年的工作经验，约 13% 的创业者拥有 15～19 年的工作经验，16% 的创业者拥有 20～24 年的工作经验，约 10% 的创业者拥有超过 25 年工作经验，另外还有 18% 的案例无法获得创业者工作经验的数据。因此，用"十年磨一剑"来形容创业成功所需的积累并不为过。创业者通过创业前的工作经验，积累各种创业要素，包括管理、技术、资金等，对创业成功大有裨益。

创业成功第四要素研究：工作经验

工作经验和专长也是创业成功的特征之一。创业者创业之前的工作经验、行业经验对创业成功有至关重要的影响。一般来说，在之前的行业所积累的经验，不仅会直接影响日后创业时候的行业选择，也同时能令创业者更加深入地学习和了解到许多有用的经营管理方式，有时候这些管理经验又是特别针对某个行业的，所以就显得尤为重要了。而且，创业之前的工作经历所建立起来的人脉对日后的创业也有帮助，特别是丰富的行业从业经验能够让创业者在创业之初迅速找到合适的切入点。在高科技行业，工作经验和专业将与创业项目直接相关，高科技行业要求创业者必须具有与行业相关的专长，才能对所创业的行业、技术、市场有所了解，这样更加容易水到渠成，获得成功。

工作经验真的那么重要吗?

真的!

根据贝克曼（Beckman）的研究成果，关于创业成功的大量案例已经表明，由于在企业初创阶段创业者的人脉和能力嵌入在创业者的先前工作经验中，并且这些经验通过员工流动转移给新企业，创业者在某种程度上决定了企业的初始战略、结构、行动和绩效。这种情况就类似于在侏罗纪时代，小恐龙长大后，需自立门户，脱离母亲怀抱，虽然跟随母亲学习了足够的经验，但是否能够独当一面，成为另一个成功的母亲，孕育并保护自己的下一代，就需要自己的能力和眼光，在弱肉强食的世界中生存下去。

在创业者先前工作经验的时间长短方面，各个学者的研究结果也证明了本书的观点：

布鲁德尔（Bruderl）等发现创业者创业前的工作经验这个变量与巴伐利亚地区的新企业死亡率呈现U形曲线关系，也就是说企业持续经营时间与创业者创业之前的工作经验成反比，而该学者后来的研究则表明这个变量对成长并无统计上的显著影响。

阿尔穆斯（Almus）等在对原联邦德国的创新型企业的研究中强调指出，创业者在创业时没有专业经验会对成长具有负向（虽然统计上不显著）影响，而且极不利于非创新型企业。

在先前工作经验与当前创业企业所处行业的一致性方面有如下研究：

布鲁德尔等的研究表明，如果创业者在新企业所处的行业中拥有工作经验，那么新企业的失败率是显著较低的。

西格尔（Siegel）等对大约 1 600 家宾夕法尼亚州的新企业的研究发现，创业团队是否拥有在新企业所处行业的工作经验是区分高成长和低成长的唯一因素。

希梅诺（Gimeno）等强调指出，当新企业与创业者先前工作企业在顾客、供应商和产品/服务之间存在很强的相似性时，会有利于新企业取得较好绩效。

库珀（Cooper）和布鲁诺（Bruno）等考察了位于旧金山的新技术企业，他们发现，与失败的新企业相比，高成长企业更可能是由那些来自与新企业相同产业的创业者所创建的。

大量最新的研究则认为，早期的资源禀赋为新企业建立起长期强大的竞争力，设定了一条正确、失败率低、难以改变的路径。

为什么海归回国创业更容易成功?

香港科技大学教授致微格（Zweig）在他的一项研究中发现，在 66 个海归企业家当中，27 人（41%）拥有博士学位，而 44 人（67%）拥有自己的公司。也就是说海归普遍具有较高的学历，这是有助于海归回国创业成功的因素之一。

除此之外，更关键的因素是目前政府鼓励海归回国创业，主要集中在互联网、IT 和通讯等高科技领域。这些领域通常都是国内外存在较大技术水平差异的行业，国外的技术水平高，海归们的见识和学习水平自然比在国内的竞争者高，而政府、其他投资者也更加认可海归们的眼界和能力。所以，海归在国内外差距较大的高科技领域里创业独具优势，有着本土企业家难以竞争的核心竞争力。

此外，根据北京市政府对海归创业的统计，2005 年在北京创业园中创业的 865 家企业中，获得高新技术企业认证的企业就占了 752 家，比例高达 87%。这些回国创业的海归人士一般都有 5 年左右的海外工作经验，这些工作经验的积累，对海归创业成功大有益处。

大学生创业该不该?

大学生创业的存在和发展已经成为一个事实，然而，从它开始出现的那一天起，社会各界就一直争论不休。表示称许、鼓励者希望大学生多创业，反正也是要找工作，不如自已给自己创个工作，还能为社会创造就业机会；批评、反对者则认为大学生应该好好读书，专心于学习；当然，还有第三种态度，他们不反对也不支持，持观望态度，用一双麻木的眼睛在那看着。

那大学生到底适不适合创业?

我们看到世界上诸多商业天才的起点也就是这个年龄：18 岁的大一学生迈克·戴尔登记注册了戴尔电脑公司，开始投入到自装自销电脑的生意中；19 岁的比尔·盖茨辍学后着手实践他那富有预见性的梦想，创立微软；20 岁，史蒂夫·乔布斯（Steve Jobs）在车库里办起了苹果公司；脸谱（Facebook）的创始人马克·扎克伯格（Mark Zuckerberg）从哈佛大学辍学，成就“盖茨第二”的神话……

读者或许会说，大学生创业应该值得鼓励啊，你看看戴尔、盖茨，看看乔布斯、马克，不是很成功吗？大学生很适合创业嘛!

可惜，我们的回答是否定的!

我们可以看到，尽管有着诸多成功的先例，但这些人的成功与成千上万大学生创业失败的案例相比显得微不足道，我们所说的是什么样的人创业更有可能成功，是指可能性！事实上，创业失败的案例每天都在上演，只是我们没有看到而已。

人类总是只看到胜利者，却往往忽视了一个胜利者的脚下躺着的无数失败者。

大学生创业面临的最大问题是缺乏经验，所谓的经验包括社会经验和工作经验。中国的教育本身就有制约因素，中国大学教育严重脱离社会实践，照本宣科式的教育模式将学生困在象牙塔中，因此大学生创业往往陷入一相情愿的境地，懵懵懂懂，只是异想天开般地想要成功。

对于充满创业激情的大学生而言，工作并不是为了养家糊口，工作并不是为了买房，积累工作经验、社会阅历，一切都是在为创业作准备！在你为现在的企业效力的时候，尽职做好自己的本职工作，把一份朝九晚五的工作做得尽心尽力，在为本职工作辛苦的时候实际也在为自己日后的创业积累经验和社会人脉关系。

创业成功第五要素：三十而立

实际上，我想说的是：30～40 岁的创业者创业成功的可能性更高！

创业板上市时公司高管的平均年龄为 44 岁，36～40 岁、41～45 岁、46～50 岁三个年龄段的高管人数分别占 22%、26% 和 22%，35 岁以下高管仅占 9%。

从中小板的创业者年龄来看，案例中有 46 个创业者出生于 20 世纪 50 年代（1950—1959 年），占 30%；有 87 个创业者出生于 60 年代（1960—1969 年），占 57%，两者合计共占 87%，也就是说绝大部分的中小板创业企业家目前的年龄介于 41 岁至 60 岁之间。而 70 年代生人的成功案例也有 11 例，占 7%；出生于 40 年代的企业家有 10 例，占 6%。中小板企业创业者创业年龄统计结果为 20 岁创业的企业家占 1%，21～29 岁创业的企业家占 14%，30～39 岁创业的企业家占 53%，40～49 岁创业的企业家占 23%，50 岁以上创业的企业家占 9%。由以上统计数据可见，76% 的中小板企业创始人创业时的年龄在 30 至 50 岁之间，约一半以上的创业者创业时的年龄为 30～40 岁（见图 1）。

另外，男性创业成功的可能性高于女性。

创业板上市公司高管中仅有 4.69% 为女性。

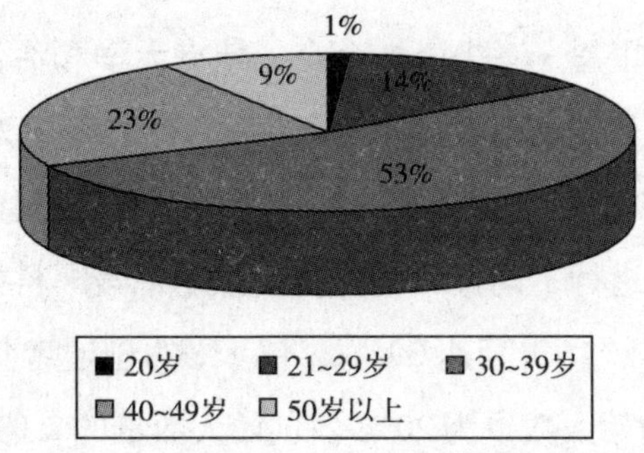

图1　中小板企业创业者创业年龄分布图

从中小板创业企业家的性别来看，笔者统计的159个成功案例中，女性创始人仅有5例，约3%，也就是说97%的企业创始人均为男性。

创业成功第五要素研究：创业年龄

创业年龄和创业时间的选择对创业者也至关重要，与创业年龄直接有关的是创业者的行业经验的积累，而创业时间则是对创业时点的选择，过早过晚创业都将与成功失之交臂。

创业的年龄要求是四个字：恰到好处。

下面就看看创业年龄的统计吧！相信你能得出自己的结论。

各国创业年龄统计

中国

《全球创业观察中国报告（2003）》显示，2003年我国参与创业活动的人员年龄集中在25~44岁之间，《全球创业观察中国报告（2005）》显示我国创业活动最多的年龄段在25~34岁，两者相比显示中国的创业年龄的中间位置在30~35岁，并且近几年有创业年龄年轻化的趋势。

美国

美国伊文·马里恩·考夫曼基金会、杜克大学和哈佛大学共同研究报告显示，美国科技公司创始人在开始创业时，平均年龄为39岁。

该报告对1995年到2005年所创立的美国科技公司创始人年龄、受教育程度及其他情况进行了调查。调查结果显示，美国科技公司创始人在创建公司时，平均年龄其实高达39岁，仅1%的创建者年龄为10～20岁。此外，50多岁的创始人数量为20多岁创始人数量的2倍。

该调查结果还显示，多数创业者在获得工商管理硕士（MBA）学位后，通常会于13年内创建自己的科技公司，而博士学位获得者的时间则相应会延长至21年。导致这种差异的原因可能是博士学位获得者希望把更多的时间用于技术研究，然后再创建科技公司。

日本

根据日本专门为创业者提供小额融资的政府金融机构——国民生活金融公库下属的综合研究所1998年的问卷调查发现，创业者创业时的平均年龄为40.9岁，比1995年调查时的平均创业年龄41.7岁减少了0.8岁；开始创业的年龄段主要集中在30～49岁，60岁以上开始创业的情况很少。连续几年的调查结果表明，日本社会的创业年龄基本保持稳定（见表2）。

表2　　日本社会开始创业的年龄分布　　单位：%

调查年份	29岁以下	30～34岁	35～39岁	40～44岁	45～49岁	50～59岁	60岁以上	平均年龄
1995年调查 N=2 156	11.5	17	16.1	18.8	15.8	14.1	6.7	41.7
1996年调查 N=1 946	12.4	19.5	16.8	16.7	17.9	13.3	3.4	40.4
1997年调查 N=1 767	15	20.8	16.2	15.2	17.4	12.8	2.6	39.6
1998年调查 N=1 592	14.7	16.6	17.5	15.1	16.5	15	4.6	40.9

注：N为样本数。

资料来源：日本国民生活金融公库综合研究所编：《新规开业白皮书》，1995—1999年。

根据上述公开资料，我们可以看出，日本创业者的平均创业年龄最大，而中国创业者的创业年龄最小，同时创业年龄更有年轻化的趋势。但总体而言，这些调查统计的创业者平均创业年龄都在 30 岁以上。

这些资料说明了什么呢？那你是不是现在就想创业呢？还是觉得为时过早，或者为时已晚。相信你自己心中有个判断，尽信书不如无书，更重要的，是你自己的感觉和把握，年轻创业成功和年老创业成功的人都有，拘泥于资料也许会禁锢你的思维，我们的资料只是给你一个提示而已。

创业成功第六要素：家好万事牛

我想说的是：家庭背景也是创业成功与否的重要因素。

创业成功第六要素研究：家庭背景

家庭背景的“硬”和“软”因素

创业成功与家庭背景和个人成长环境并没有绝对的联系，不能说某种环境成长的人适合创业，某种环境成长的人不适合创业，任何环境下成长的人都有可能创业成功。家庭背景的影响在一定程度上也受不同文化的影响，不同地区有所不同。

肖勒汉默和古里洛夫（Schollhammer & Kuriloff，1979）两位学者研究指出，创业企业家一般来自中等或者中下的家庭。

佐藤健一（Takeru One，1992）等人对日本和美国硅谷的创业企业家的差别进行了研究，家庭环境对日本的创业者具有重大影响。而对美国创业者，家庭背景因素的影响很小。我国台湾学者的研究结果则反映中等或者中下家庭的孩子会有较高的创业动机和创业企业家精神。

从经济学的角度来解释这种现象，可以理解为对于中等家庭，特别是中下家庭的创业者而言，家庭所能给予的物质基础有限，只有通过自身努力才能创造出更多物质财富，具备创业的原始动机。并且，由于创业者的机会成本较低，所以创业的动机更强。这是很显而易见的，通俗点说，就是“穷人的孩子早当家”，自己不努力赚钱，全家吃什么？要赚大钱，要改变全家的命运，最好的方式，就是成功创业。而对于中等以上家庭，统计中有可能存在偏差，特别是对于有企业的家族而言，通常家族企业都会交由下一代来继承，所以实际上这部分人已经通过继承家族企业的方式进行“二次创业”了，二次创业的使命是改变企业的格局，将企业发扬光大，成为新行业的领头羊等等，这也就是江湖中传说的“创二代”。

中国传统的家庭教育深受儒家文化的影响，常常沿袭“学而优则仕”之道，大多数人趋向于四平八稳的行为取向，提倡三思而后行，缺少冒险意识。只有极少数家庭的父母能鼓励孩子勇敢地面对不确定性，有能力支持孩子进行创业尝试，同时又能适当给予孩子理性的指导。在我国，传统的家庭教育大背景对于大学生成长是有一定影响的。从这个角度讲，不同的家庭背景对于创业者的支持又是不一样的。有的家庭能提供大量的财产支持，有的家庭能争取到大量的政府支持，有的家庭只能给予大量的精神支持（事实上，有许多保守的家庭，给创业者的，往往是精神反对，认为创业风险大，不如考公务员，不如当老师、当医生等等）。不管哪种支持，对于创业者都有一定的好处，但并非有了家庭支持，就能成功。

当然现实中也有许多例外的案例，因此我们这里所说的家庭背景特征只能作为一种参考，并非绝对。

以我们熟知的腾讯创始人马化腾为例，根据公开资料，马化腾的父亲马陈术是南下干部，马陈术生于1940年，中共党员，中专学历，经济师，曾担任交通部海南八所港务局会计、统计员、计划科科长、副局长，深圳市航运总公司计财部经理、总经理，深圳市盐田港建设指挥部副总指挥，深圳市盐田港集团有限公司副总经理，1997年被选为盐田港上市公司的董事，现已退休。可以说马化腾的家庭背景已经相当优越了，而这并不阻挡马化腾成为中国互联网的成功创业者。根据2010年9月7日收盘时计算，其香港上市公司腾讯控股（700. HK）市值达到2 760亿港元。

因此，有关家庭背景影响因素的直接反映是家庭条件，这些信息我们是可以从公开信息中获得的，这是“硬”信息。但家庭教育的方式和取向则属于“软”信息。家长是鼓励孩子外出闯荡，还是希望孩子待在家里，这些数据是很难统计的。因此，这些情况实际上增加了我们分析家庭背景要素对创业者影响时的困难，我们所能够获取的信息主要还是家庭经济背景这种外在信息，而造就创业者的也许是“软”因素，或者同时“软”“硬”兼有。

创业成功因素的方程式

读到这里，也许你会问，有大学文凭的创业者究竟比非大学毕业的创业者成功的可能性高出多少？或者，清华的高才生创业成功的可能性高出多少？再或者，如果我现在是高管，选择创业，我的成功几率比非高管能高多少？

本章试图对这些问题进行一些统计分析。

首先，成功的定义比较难设定，有些人认为能够当上高管做一个高级的金领就是成功，但本书定义的成功是让公司上市或创办企业的规模能够堪比一个上市公司。

我们选取在美国、中国香港、新加坡与中国内地股市上市的783家上市公司的成功者（有些公司有多个创始人），按照创始人文理科、院校、学历、专业、行业背景、是否高管、资金、是否留学、创业次数等背景变量进行了一些统计分析。

通过上市公司的公开资料与公开新闻，我们对这8 000多个数据进行0、1赋值。比如说，是大学毕业的就是1，非大学毕业的就是0，我们对最后的数据进行了加总，见表3。

表3　　上市公司创业者特质统计表

样本	成功创始人（一个成功企业可以包括几个创始人）	理工科	文科	清华大学	北京大学	学历（大学或以上）	专业（对口）	行业背景（与创业公司一样）	高管（创业前为高管）	资金（创业是自有资金）	留学（留过学）	创业次数
美国上市的中国概念股	88	60	16	13	9	57	64	72	79	48	23	68
中国香港/新加坡	68	18	12	1	0	15	23	17	11	15	10	20
创业板	468	26	17	17	6	415	206	206	468	78	30	23
中小板	159	123	36	0	0	101	49	49	159	73	9	19

统计量	自由度	卡方	Pr > Chi?
得分	11	72.129	< 0.0001

统计学上的自由度是指当以样本的统计量来估计总体的参数时，样本中独立或能自由变化的资料的个数，称为该统计量的自由度。这里我们指的是这 11 个成功关键的素质。

对此模型，我们做了简单的卡方检验，卡方检验是用途很广的一种假设检验方法，是测定实测值与理论值间符合程度的一种统计方法。如发现实测值与理论值有差异时，就需确定该差异是由于随机抽样误差还是由于理论假说有问题而引起的。通常首先建立无效假说，即认为观测值与理论值的差异是由于随机误差所致；再确定由于随机误差而导致该特定差异的概率；最后根据该概率作出相应的结论，如该概率大于某特定概率标准（显著水准，统计学上一般定为 0.05），则认为无效假设成立，即实测值与理论值的差异是由于随机误差引起的，进而得出实测值与理论值相符合的结论。在这里，读者只需要明白，该检测是为了测试我们选定的这 11 个变量对成功是否有效即可，这只是统计学上的一个测试方法。

方法就是，卡方先假设 H_0，以上的这些影响成功的我们自己设定的变量无法影响成功。然后看看我们能不能推翻我们的假设。统计输出显示，我们可以推翻开始的变量没有意义的假设，只冒小于 0.01% 的风险。换句话说，在 99.99% 的情况下，我们的变量都是可以影响成功的。

具体的分析方法是，我们采用对这 8 000 多个数据点进行对数回归分析并做了一些修改，这样我们得出的方程就是，这 11 个关键的变量是如何影响成功概率的。

当然，中国的创业者何止我们统计的这 783 个，创业成功者也远不止这个数字，但在目前的条件下，我们也没有更好的办法把我们的分析进一步拓展，公开资料实在是太少。而且我们也考虑到仅仅对上市成功者统计的方式有数据挖掘的嫌疑（因为没有加入失败案例），所以对模型的一些参数进行了统计调整。

虽然如此，我们的模型也可以给本篇开始时提出的问题提供一些依据。

方程式：

成功概率 = 1/ {1 + exp [- (- 0. 404 + 0. 398 × 理工科 - 1 + 0. 010 × 文科 - 1 + 1. 215 × 清华 - 1 + 1. 384 × 北大 - 1 + 1. 241 × 学历 - 1 + 0. 256 × 专业是否对口 - 1 + 0. 346 × 行业背景与创业公司是否一样 - 1 + 1. 353 × 创业前是否为高管 - 1 + 0. 950 × 创业是否自有资金 - 1 + 0. 105 × 是否留学 - 1 + 0. 562 × 创业次数 - 1)]}

我在这里需要强调一下，本方程式对成功的定义是指“让公司上市或创办企业的规模能够堪比一个上市公司”即为成功。因为我们不可能对全国 500 万家私企的创始人数据进行筛选分析，这不但做不到，从统计上讲也没有太多的意义。做到上市是一个很大的成功，可以说是人生成功的巅峰。这个标准是很高的，而且这些成功者本身也是具有代表意义的。所以对我们统计的上市民企的样本进行分析，我们可以大致得到这么一个成功的方程式。

这个方程式也很好用，把等号右边的方程式放到 Excel 里，并根据你个人的情况进行输入，比如你是理科毕业生，就用 1 替换理工科这个关键变量，依此类推。

需要注意的是，我们为了保留每一个关键字段，字段的变量有些是相包含的。在统计上一般都会导致多重共线性，所以在输入的时候需要注意，比如你是理工科背景的，就需要将理工科关键变量赋值为 1，文科这个变量的赋值为 0，而且学历这里需要赋值为 1。因为如果你是理工科，自然也是大学毕业了。

下面，我们举例说明。

有位创业者，清华，大学本科，理工科毕业，专业对口，公司的主营业务与专业也对口，没做过高管，创业资金是借来的，从来没有创过业，也未留过学。

那么我们就在方程式中代入这些变量：

成功概率 = 1/ {1 + exp [- (- 0. 404 + 0. 398 × 1 - 1 + 0. 010 × 0 - 1 +

$1.215\times1-1+1.384\times0-1+1.241\times1-1+0.256\times1-1+0.346\times1-1+1.353\times0-1+0.950\times0-1+0.105\times0-1+0.562\times0-1)]\}$

我们得出，0.000353，也就是万分之3.53的机会，这个创业者可能获得成功。当然我们定义的成功是把公司做大到一定的规模，所以这个比率并不算过分。

因为我们定义成功的条件过于苛刻，这个比例对许多人来说太小，有人会说，难道我满足了这么多可能成功的条件才有万分之几的成功概率吗？万里挑一，对某些保守的人来说，还不是最好的选择。

那么我们可以换个角度看，我们尝试把样本放大，把门槛降低，不说做到上市才是成功，做到年营业额超过500万元就算成功，那么这个比率能有多高？

我们查了《中国统计年鉴》，全国规模（限额）以上非公有制企业约46.95万个，占规模（限额）以上企业总数的73.9%，占非公有制企业总数（中值数425.2万个）的11.04%，占企业法人总数（495.9万个）的9.47%。规模以上工业企业中非公有制企业323 697个（仅计入私营企业和港澳台、外商投资企业），占规模以上工业企业总数的76%。

这里我们解释一下，规模以上企业指的是：

（1）年主营业务收入500万元以上的工业企业，包括采矿业、制造业和电气水生产供应业等3个行业；

（2）有资质的建筑业，包括总承包资质和专业承包资质；

（3）限额以上的批发（2 000万元以上）零售（500万元以上）业企业；

（4）限额以上的住宿餐饮业（200万元以上）企业。

对读者来讲，不必对这个定义过于纠结，因为规模对不同行业略有差别，只要大致了解，企业年收入超过500万元就算有规模就可以了。这样的企业总共有32万家，也就是说，如果你的创业企业达到规模以上，你就在这32万家里面，也可以定义为你成功了。

这个成功的定义就宽泛了很多，值得注意的是，中国的规模以上企业每年都在增加，截至2008年底，中国共有规模以上私营企业245 850个，占全部规模以上工业企业（426 113个）的58%，可以看出，仅一年时间，中国的规模以上私企就增加了8万多个，不能不说这是创业的力量。

当然，随之而来的上市私企也会相应增加，而不仅仅是本文统计的783家，但在本书写作的时候，我们就用32万家这个数据即可。

783家占到32万家0.24%（783/323697），也就是说，如果我们只定义成功为创建一个规模以上企业，那么我们的成功比例是要相应增加的，具体增加多少，要用我们公式中的数值除以这个0.24%。

举例说明，还是刚才那位创业者，按开始的创建上市公司的定义，得到万分之3.53的机会，我们用这个数（概率）除以0.24%，得到14.71%，这个数据就是说如果您定义成功为创建一个规模以上企业，那么您的成功概率可能为14.71%，超过十分之一的机会了。

我还是要强调，此方程式本身受制于样本，对某位创业者最终的成功概率预测并不会完全准确，但此方程式本身就是想对成功的概率及其影响的因素作一个初步的探讨，使读者明白，其实成功并不神秘，并非不可预测，对群体来讲，某一类人成功概率就是稍大一些，某一类人就是少一些。有人常常拿比尔·盖茨等富豪并没有完成大学学业就攀上全球首富这种特别的案例来说明成功也可以不上大学，不完成学业。但个案不能代表全部，迷失某一项特质对成功都是有影响的。

那么具体每一项特质对成功的影响有多大呢？下面我们来教各位更灵活地运用此方程式。

你也可以自己试一试。

但对于我们的创业者来说，可能更希望知道，比如说如果我再等几年做了高管以后再去创业，能够增加我多少创业的成功概率。

我们将上面公式中的高管这一变量赋值为1。即

成功概率 $=1/\{1+\exp[-(-0.404+0.398\times1-1+0.010\times0-1+$

1.215×1－1＋1.384×0－1＋1.241×1－1＋0.256×1－1＋0.346×1－1＋1.353×1－1＋0.950×0－1＋0.105×0－1＋0.562×0－1)]}

我们得出，0.001365，即万分之13.65，再除以0.24%，得到56.88%，这比我们之前的14.71%高出了2.8倍，成功的概率高出了接近3倍！这个结果很惊人，为什么会高出这么多？事实会这样吗？如果你在这个行业中积累更多的经验，做了高管，那么你的人脉会更广，对行业发展的方向与不足都会有更好的了解，一个二十几岁大学毕业就创业的人很难一次成功，没有人脉、资金、社会经验，相比之下都要比做了高管后的创业者落后一筹。所以说，这个结果是很正常的。那么通过我们的方程式，成功概率差了接近3倍。

下一个问题：失败对创业者会有影响吗？

当然，但我们对成功企业家的研究发现，许多创业者都至少有过一次失败的创业经历，这些经历对他们来说是一笔很大的财富。如果创业者能够正确看待这种失败，对日后的创业成功会有相当积极的作用。比如说，还是之前这位创业者，他毕业之后就开始了创业，失败了两次，那么从这两次失败的过程中，他的经验能得到增加，为人更加老练，眼光更加独到，那么他的创业成功几率会增加多少呢？

同样，我们代入数据，把创业次数赋值为2。得到

成功概率＝1/{1＋exp[－(－0.404＋0.398×1－1＋0.010×0－1＋1.215×1－1＋1.384×0－1＋1.241×1－1＋0.256×1－1＋0.346×1－1＋1.353×0－1＋0.950×0－1＋0.105×0－1＋0.562×2－1)]}

得出0.001086，即万分之10.86，除以0.24%得到45.25%，相比14.71%，成功几率增加了2倍。不要惧怕失败，失败是成功之母。

此方程式只对11项特质做了统计，因为受限于样本，其实读者可以用此方法加入更多的特质进行统计，分析哪项特质更影响成功，更不可或缺。

当然，这个模型远远达不到成熟，也存在许多问题，但它可以给我们

创业者一个直观的观测和判断，具体创业者可以通过提高哪些素质来获得成功。世界上没有100%准确的成功方程式，我们今天做了一些小的尝试，就是要告诉创业者，在决定只身创业的时候，哪些特质可能会帮助你成功，比如说深造、留学，创业失败对你下一次的创业可能有多大的助益。

当然，对群体的统计不能代表个体。创业是一项艰苦的工作，不懈的努力加上科学的方法才是不败之本。

创业企业家到底是什么样的人?

◎什么是创业?什么是企业家?

◎什么是创业企业家?

◎什么是创业精神?

◎什么是创业团队?

创业企业家是什么样的人，他们如何选择创业，他们到底在想什么，他们受过什么样的教育，他们有什么样的家庭?

从本章开始，笔者将对国内创业板上市公司、中小板上市公司以及香港创业板上市的中国内地企业进行创业企业家特质的深度分析。我们所采用的分析框架主要是将创业企业家的创业成功特征按照教育程度、学科背景、工作经验与专长、创业年龄、性别、创业持续时间、家庭背景等进行划分，对样本中的成功案例进行统计。

>> 什么是创业？ 什么是企业家？

首先，我们了解一下，什么是创业?创业是在激烈竞争的市场上，发现和捕获机会并为客户提供有价值的产品或服务的过程。换句话说，就是找机会满足别人的需求，从而获得相应的价值。创业必须贡献时间和付出努力，承担相应的财务的、精神的和社会的风险，并获得金钱的回报、个人的满足和独立自主。

企业家又是什么?企业家与管理者不同，前者更看重市场机会，后者更看重已有的资源。企业家首先要有眼光，看到常人所看不到的潜在的市场机会；其次要敢于承担风险，包括财务上的、时间上的、精神上的以及社会的风险；最后要有组织能力，即把潜在的市场机会变为利润时，需要对人力资源、物力资源、财力资源和信息资源进行有效的配置和组织。

让我们来看一看古典经济学家的企业家理论吧！

重商主义者理查德·坎特伦（ Richard Cantillon，1730）的企业家概念是:“任何种类的自我雇用的人，只要一个人不是受雇于他人或为工资而工作，他就是一个企业家。”“企业家阶层与雇用人员阶层的关键区别在于，企业家生活在不确定的状况下，他们今天以确定的价格购买商品和劳务，但未来的销售价格却是不确定的。”

古典经济学家J. B. 萨伊（Jean Baptiste Say，1767—1832）认为：“与其说是严格意义上的食利性质的资本家、土地所有者和劳动者，毋宁说是企业家在指挥生产和财富的分配。”“企业家是整个生产体系的枢纽。人们需要的并不是直接的劳动、土地和资本，而是这三种要素提供的效用，正是企业家把它们结合起来以满足人们的需要。”

约瑟夫·熊彼特（Joseph Schumpeter，1910）认为：“企业家是创造性的破坏者，作为社会经济创新者的企业家不同于投机家和发明家。企业家所从事的，不是囤积任何种类的商品，不是创造前所未有的生产方法，而是以不同的方式运用现有的生产方法，以更恰当的方式、更有利的方式运用现有的方法。他们实现了新的生产要素结合方式。”

>> 什么是创业企业家？

《韦氏国际词典》（*Webster*）对创业企业家的定义为：经济事业之组织者，特别是组织、管理企业并承担风险的人。在不同的学科中，学者对创业企业家的定义也有所区别，从经济学家角度来看，创业企业家是指能够结合各项资源加以利用，如土地、劳动力及其他资产，以提高其附加值来创造利润，并且能引起某些改变与创新的人。

卡兰德等（Carland et al.，1984）认为，创业企业家是以利润和成长为目标设立、管理一个新事业的个人。创业企业家能将资源从生产力较低的地方转到生产力较高及产出较高的地方。

布洛克豪斯（Brockhaus，1981）认为创业企业家是一个有愿景、会利用机会、有强烈企图心的人，愿意承担起一项新事业，组织经营团队，筹措所需资金，并承担全部或者大部分风险。

内尔森（Nelson，1986）认为是否愿意承担风险是能否成为成功创业企业家的关键，其他条件还包括运气、时机和毅力。

博文和西斯理希（Bowen & Hisrich，1986）认为创业是一种投入努力与时间的开创事业的过程，必须冒财务、心理及社会风险，最后得到金钱报酬与个人的满足感。

可泽纳尔（Kirzner，1973）认为创业企业家是能够辨识市场不均衡所带来的机会，采取行动从中牟利，并且能够正确地预期下次不均衡将在何时何地发生的人。

熊彼特（1934）从创新、创造性破坏、新组合角度认为，与其说创业企业家是不断建立均衡，倒不如说是不断打破现存均衡进行一个“创造性破坏”的过程。

卡森（1982）从市场信息不完全及交易成本角度认为创业企业家获取信息的渠道与能力高于他人，而信息是稀缺的，创业企业家通过建立企业开发这些信息就能够获得垄断利润。

结合以上各个学者的观点，我们认为创业企业家的基本内涵包括：创业企业家是以利润和成长为目标，具有冒险的创业精神，愿意承担财务、心理风险，善于发掘机会，组织资源，建立及创立新企业并加以管理的人。

事实上，创业企业家最重要的，是拥有创业精神。

>> 什么是创业精神?

米勒（Miller，1983）指出，如果个体表现出创新、承担责任和主动进取的行为，那么他就具有创业精神。

夏尔马和克里斯曼（Sharma & Chrisman，1999）总结创业精神为包含现有组织内外创立的新组织、更新及创新活动，是个体以个人力量，在个人愿景引导下，从事创新活动，并进而创造一个新事业。

斯蒂文森（Stevenson，1990）认为创业精神是指一种追求机会的行为，这些机会还不存在于目前资源应用的范围，但未来可能创造资源应用的新价值。

罗伯特（Roberts，1999）认为创业精神是促成新事业形成、发展和成长的原动力。

我们认为创业精神就是从无到有“敢叫日月换新天”的精神。

>> 什么是创业团队？

对于一个公司来讲，创始人也许不止一个，而是一个团队。所以，我们必须对整个创业团队进行考察和研究。当然，对创业团队的考察不只是简单地对每个人考察然后汇总，团队一般都具有很强的互补性，是一个统一的整体，这样更容易让创业者们取长补短。

在国外，从20世纪80年代开始，已经出现了对创业团队的系统研究。如罗伯特·里奇（Robert Reich，1987）在《团队英雄》的一篇论文中所阐述的，“经济的成功来自于具有天分、热情和共识的团队所创造，而非透过个人英雄创业家的迷思”。一般认为，创业团队比个人创业家更能解释创业绩效。

卡姆等人（Kamm）和努理克（Nurick，1990）对创业团队作了以下的定义：“创业团队是指两个或两个以上的个人参与创立的过程，并投入相同比例的资金。”

这个定义局限了创业者的贡献只有金钱，而创业平等的条件非金钱莫属，所以定义为投入“相同比例的资金”，但这个定义随着时代的发展已被证明是不准确的，尤其是当今的知识经济时代，最终的创业成功离不开产品的创新。产业的升级，新产品的研发，都需要靠智力资本来推动，金钱所扮演的角色从独一无二变成重要因素的一部分。

恩斯利和班克斯（Ensley & Banks，1992）以及伽特讷（Gartner）等人

(1994）延伸了卡姆等人和努理克的定义，将创业团队定义为“包含了对策略选择有直接影响的个人”，也就是说董事会尤其是占有一定股权的创业投资者皆包含在这个定义之中。

这就包括了智力资本的因素，创业者的贡献包括专利、研究成果等一系列的知识产权，所以有的团队里面即使某位成员未拿出金钱，但是他可以直接对公司的策略产生影响，从而成为创业团队的一员。

布如诺（Bruno）和泰比基（Tyebjee）研究认为：

(1）大部分创业团队在某些重要的职能领域上严重欠缺经验，尤其是欠缺财务方面的技能。

创业实际上是发现市场并建立团队占领市场的过程，这个市场可能是通过技术创新、产品创新或者是随着生活方式的改变而产生的，在这个发现市场的过程中，一般较有眼光的都是在这个领域比较资深的人，他们工作经验很多，了解行业的特点与稀缺，最终开始创业之旅。所以创业者的技能一般都以专业性为主，财务方面并没有特殊要求。即使是现在，创业初期资金一般都是捉襟见肘，所以对财务技能没有迫切要求。但财务恰恰又是十分重要的，产品研发的投入，生产成本的控制，库存的处理等都涉及专业的财务知识。所以欠缺财务知识的创业者，对最终的成功有不利的影响。

(2）对工程方面很有经验，对于行销方面的技能较有经验。

(3）一般是2~4人的团队组合。

卡姆等人（Kamm）和努理克（Nurick，1990）认为：

创业团队对于研究者和创业家的重要性在于创业团队的普及性以及它对公司创业绩效的影响。

创业团队普及性的相关研究

欧博梅尔（Obermayer，1980）对波士顿、旧金山和密尔瓦基等地区的33家成功的高科技公司进行了定性分析，发现其中有23家公司是以创业团队的方式创业的。

体克（Teach）和施瓦茨（Schwartz，1986）对237家个人计算机软件创业者所做的研究发现，其中只有68个个案是属于个人创业者的形式，超过三分之二的厂商有两个或多个合伙人。

创业团队对公司创业绩效的相关影响研究

库珀（Cooper）和布鲁诺（Bruno，1977）发现80%的高成长企业大多以两人以上的创业团队创业，而无法继续生存的企业则较少以团队的方式创业。

提姆斯（Timmons，1979）观察到个人创业家很难建立每年百万营业额的新创企业。欧博梅尔（Obermayer，1980）发现在他的研究样本中，10个个人创业企业中只有3个能够达到每年600万元以上营业额，然而在23家以创业团队创业的企业中有16家企业达到上述成长规模。

1988年《风险投资》杂志对100家首次公开上市（IPO）前三年表现最好的企业进行调查，发现其中有56%是创业团队创业，且团队成员都还在，其余44%的企业不是由个人创业就是只剩下一个团队成员，统计的T检验发现创业团队比非团队创业更易成功，包括股价表现，尽管在营业收入、净利润方面并未达到显著差异的水准。

我们前面提到理工科毕业生创业成功可能性大一些。其实文科毕业生在组建创业团队的时候也可以加入理工科的毕业生形成互补，从而提高创业成功的概率。

创业者素质研究资料

◎研究创业者素质的重要性

◎创业者们有什么样的素质?

◎测一测你的创业素质

◎创业和父母有关吗?

——创业者素质的遗传学研究

◎为何中国人创业热情高?

◎国内外对创业企业家的研究结论

>> 研究创业者素质的重要性

一个人的素质对于事业是否成功很重要，一个创业企业家的素质对一个企业是否成功更重要，创业企业家的素质和能力是影响创业成功的第一要素。对于许多风险投资家来说，宁愿投二流技术、一流团队的企业，而不是一流技术、二流团队的企业。本篇结合一些已有研究成果和相关统计，分析创业者应该具备哪些素质。

度特奥斯（Doutriaux）1992 年研究证实，创业家个人特质扮演着创业过程中的关键角色，且人格具有持久性，会影响个体的基本行为。因此，个人特质的衡量对于有志于创业的人应是非常有价值的参考指标。

>> 创业者们有什么样的素质？

自古以来，那些取得伟大成就的人，通常都是某一领域的创业者和开拓新领域的领导者，在他们身上，拥有一种普通人没有的东西，那是一种特别的素质，这种东西，在他们体内迸发出惊人的力量，吸引着追随者，引领着某一领域的潮流，走向成功。

可克帕特克（Kirkpatrick）和洛克（Locke）（1991）所做的研究认为：领导才能无论是先天的，还是后天创造的（受教育），不可争议的事实是，领导者与其他人不同，他们必须具备某种合适的东西，而这种东西不是人人都有的。这就说明，创业者们作为一个集群，具有一定的共性。如果我们找到他们的这些共同点，相信对于想创业的朋友，会有极大的帮助。

舒尔哈默（Schollharmmer）及库日夫（Kuriff，1979）认为创业家的特征是喜欢知道他们所做事情的结果，着眼于未来目标，喜欢负责任，中度风险偏好，具有充沛的活力，能察觉成功的机会。

帕克（Park，1978）指出创业家的特征包括：积极进取、待人态度良好、领导能力强、肯负责任、组织能力强、勤勉努力、决断力强、真实忠诚、坚毅不挠、体魄强健。

以上都是国外的研究例证，下面，我们看看华人创业者有什么共同的素质。

本篇主要对华人创业者的一些统计研究成果进行整理，希望能够找出华人创业者应具备的素质。读者也可以根据篇内的资料进行自我测试，看看是否具有创业者的素质。

台湾大学商学研究所的陈家声教授在2003年的华人创业家精神与创业模式报告中，对华人创业家的素质进行了系统分析，他主要以新竹科学园区为例，研究海外留学生回台湾创业与工作情形对台湾资讯科技产业及经济发展的影响。陈教授研究了台湾岛内第十届到第二十五届青年创业楷模以及海外华人第一届到第十一届青年创业楷模的传记资料，共计293位楷模的传记，每篇传记描述了青年创业楷模的成长背景、心理特质、创业过程和优良事迹，文长约2～5页，总分析量约为1 000页。通过这些研究，可以得出华人创业成功者的共性，分析这些共性，有助于每一个想要获得成功的人，尝试改变自己的不足，发扬自己的长处，增强素质，成为一个优秀的创业者。

20世纪90年代初期以来，中国台湾资讯科技产业的快速发展与海外留学人士大量回台工作或创业投资有密切关联，这其间中国台湾出台了一系列鼓励创业投资的优惠措施与积极延揽海外留学人才（许多从硅谷回台湾）的政策，这与目前大陆对海外留学生的态度与政策支持力度都很相似，所以本篇选择台湾的创业者素质统计分析作为范本。

表4是创业家心理特质的观念性构面（就是一些关键的特点）和向度定义表。

表内的这些关键的特质对创业者的成功影响巨大，创业者对自身的认识也应该从表内的这些要点进行着手。

表4　　创业家心理特质的观念性构面和向度定义表

关键特点	特点的定义
自主与自律构面	在充满挑战的创业过程中，创业家需要自主与自我约束的内在力量来坚定自我对创业的信念并维持组织的基本发展。市场的发展是瞬息万变的，商机转瞬即逝，而且不断伴随着竞争，那么创业者在创业过程中需要始终保持信心，坚定不移地执行正确的决策，不能随意动摇，否定自己，而是能够以客观自律的态度审时度势。
自尊	自尊指的是对自己的想法或评价。若认为自己是有价值的，则自尊较高；反之，不肯定自己的价值，则自尊的程度较低。
自主与自律性	自主是能够主导生活的能力，自律是能够自我约束、遵守约定。
目标行动导向	目标行动导向代表人们乐于设定目标并将之付诸实践的倾向。
毅力	毅力指的是不畏艰难，坚持完成任务的耐力。
活力程度	活力程度泛指个体的生理及心理健康状态。
内控型	内控型的人，相信凡事操之在己，将成功归因于自己的努力，将失败归因于自己的疏忽。
抗压性与应变能力	抗压性是指面临压力时心理调适的能力，应变能力是在遭遇突发状况时，作出即时反应的能力。
企业道德与社会责任	企业道德与社会责任是企业家对自己应负的社会义务和社会责任的一种主观的道德情感和道德评价。
社会网络经营	外援也是创业中非常关键的要素，特别是在重视社会网络关系的华人社会中，妥善经营人脉可提升成功的机会。创业团队毕竟人数不能太多，一般都是几个人，但在创业的过程中，每个人投入的资源又极其有限，比如说资本额、专利技术等，所以能否通过创业者的人脉关系联系创业团队之外的“外援”给予帮助对企业的成功极其重要。比如说，生产节能设备的创业企业能够通过关系找到某个大型的传统企业进行产品测试和使用，是打开销售、验证品质的第一步。
社会网络关系	社会网络是人际互动的一种，是人们透过各种方式形成彼此间互相承认的关系。社会网络关系愈密切的人，交友较广阔，人际互动也较佳。
创新突破	创建新事业不但需要稳健、踏实的脚步，更需要前瞻性的眼光与自我突破的过人创意。这种自我超越、时时侦测环境的突破力，不但可以激发组织内的创造力文化，更能提升组织的竞争力。我们说过许多的创业来自于创新，来自于对市场需求的敏锐察觉，但创业的周期有时比产品的周期还要长，有时新的产品还未投入生产，市场已经发生了变化，这就要求创业团队必须保持一种自我突破与发现创新的精神，不断对企业的方向、产品的特点加以关注。
成就动机	成就动机是人们期望成功、做得更好的一种观念，且可进一步将成就动机界定为与某一良好或优秀的标准相竞争的冲劲。

续表

关键特点	特点的定义
创新与创造力	创造力是一种产生出原创、新颖、独特意念或产品的能力，其中也包括对新事物的接受程度和对环境的敏感度。
领导沟通	创业是团队绩效的展现，而创业家常需扮演负责发起与推动的领导角色，因此，创业家必须发挥杰出的领导能力和沟通技能。企业的成败是所有公司内的员工共同作用的结果，即使创业者的决策英明，技术领先，但在与公司其他员工沟通、执行时不能被很好地传达，那么企业的成功也不能保证。沟通就是确保在行动时企业内部的员工能步调一致。
领导沟通能力	领导沟通能力是与人沟通协调且能影响他人的能力。

此项研究也对样本进行了一些统计验证，如表5所示。

表5　　关键特质 Cronbach α 系数表

关键特点	特点名称	题数	特点的 Cronbach α 系数值	关键特点综合 Cronbach α 系数值
自主与自律	执著力	10	0.90	0.90
	社会责任	5	0.81	
	自律性	3	0.73	
社会网络经营	网络经营能力	11	0.85	0.86
	社交需求程度	3	0.70	
创新突破	前瞻性	6	0.76	0.85
	企图心	6	0.73	
领导沟通	沟通能力	6	0.79	0.82
	对人际的影响力	6	0.71	
总计		56	0.95	

可信度是指衡量的正确性或精确性，包括一致性及稳定性。

一致性高的问卷是指同一群人接受性质相同、题型相同、目的相同的各种问卷测量后，在各衡量结果间显示出强烈的正相关。也就是说问卷不产生随机结果，可以正确表示这类人的取向。

稳定性高的测量工具则是指一群人在不同时空下接受同样的衡量工具时，结果的差异很小。

对其复杂的数学原理我们不更多涉及，读者只要记住通常 Cronbach α 系数的值在0和1之间。如果系数不超过0.6，一般认为内部一致可信度不足；达到0.7～0.8时表示量表具有相当的可信度，达到0.8～0.9时说明量表可信度非常好。比如系数为0.8，意味着此表对80%的样本都已涉及，故可信度较高。

从以上的Cronbach α系数表我们发现，总的特点问题系数都在0.8以上，表明该统计的精确性，包括稳定性以及一致性较高，也就是可信度较高。我们可以把这个关键的特质作为影响华人创业的关键因素来使用。

研究发现，青年创业楷模以男性居多（占94.2%），有九成以上为已婚，排行以长子（女）居多，多数是在30到50岁的青壮时期进行创业，得奖时的平均年龄为42.05岁，受教育程度有七成为专科以上，这和国外研究文献的结果相似。

青年创业楷模所具有的最重要的特质依序为：企业道德与社会责任、成就动机、毅力、社会网络关系和领导沟通能力，这五项特质的频率出现均超过五成以上，也就是说这类特质是创业者的共性；其中值得注意的是，企业道德与社会责任特点出现的频率最高，创业者对道德标准更加看重，显示出中国台湾社会创业楷模对于自己的社会责任和道德要求普遍很高，这是国外学者较少提及的。

从上面的分析我们可以看出，无论是西方人，还是华人，成功的创业者都拥有类似的素质，比如说意志力、领导能力、组织能力等，但在具体方面又因文化的差异而有所不同，比如社会责任、道德等。

测一测你的创业素质

看过了别人的创业素质研究，你是不是也想看看自己的创业素质？下面是创业者素质测试表。

作答方式采用李克特（Likert）量表（见表6），所有题项都分为非常符合、很符合、有点符合、有点不符合、很不符合、非常不符合六个选项，计分时分别给予5、4、3、2、1、0分，反向题则反向计分；得分越高，代表具备越强的创业家特质。表6包含正向题和反向题，共计56题。

表6　　创业者素质自测题

特点	特点名称	题数	题项（【R】代表为反向题）
自主与自律	执著力	10	1. 我的自我要求很高。 2. 我能够坦然地面对挫折和失败。 3. 遇到困难时，我会想办法解决问题。 4. 不管日常工作遭遇多少困难，我经常是坚持完成工作。 5. 我为自己设立目标，并努力实践它们。 6. 我喜欢按自己规划的行程做事。 7. 工作时，我总是以身作则。 8. 我对自己所做的事充满信心。 9. 我的管理及解决问题的能力深受周遭朋友的肯定。 10. 我总是很能够掌握自己做事的进度。
	社会责任	5	1. 我会为自己的行为负责。 2. 我乐于投入自己理想的工作。 3. 我愿意尽社会责任，回馈社会。 4. 遭遇失败时，我经常会检讨、反省。 5. 我愿意奉献生命去实现人类应有的理想生活方式。
	自律性	3	1. 我做事常常半途而废。【R】 2. 我很少迟到。 3. 我时常睡过头。【R】
社会网络经营	网络经营能力	11	1. 我经常主动地协助他人完成工作。 2. 在社交场合中，我总是主动去认识别人。 3. 对于自己未来的事业发展，我已有明确的近程规划（三年内）。 4. 做决定之前，我常咨询相关人士的意见。 5. 我喜欢观察市场及预测市场的趋势。 6. 对创业管理上的问题，我经常咨询外界的管理专家。 7. 我能够妥善地运用个人及社会资源。 8. 我常将工作责任与伙伴分担、共享。 9. 我时常被选为社团的重要干部或代表。 10. 在社交场合中，我能够友善地与他人互动。 11. 我常收集名片并妥善归档整理。
	社交需求程度	3	1. 在求学过程中，我几乎每个阶段都积极参与社团活动。 2. 我曾经尝试过多种不同性质的工作。 3. 我时常参加与工作无关的外部组织活动。

续表

特点	特点名称	题数	题项（【R】代表为反向题）
创新突破	前瞻性	6	1. 我喜欢尝试新的事物。 2. 我对生活周遭的事物充满好奇心。 3. 我乐于接受挑战。 4. 我喜欢学习新的技巧及解决问题的新方法。 5. 我会从不同的角度去思考、解决问题。 6. 在求学阶段，我经常利用课余或暑假实习、打工。
	企图心	6	1. 我喜欢在充满挑战与变化的环境中工作。 2. 如果能够说服或影响对方听从我的意见，我会觉得很有成就感。 3. 我相信我能掌握自己的命运。 4. 我有强烈的企图心。 5. 我喜欢享受完成工作后的满足感。 6. 坦白说，我还蛮喜欢自己的。
领导沟通	沟通能力	6	1. 在决策的过程中，我常扮演主导的角色。 2. 我能够清楚地表达自己的想法。 3. 只要我决定要做的事，就没有人、事、物能够阻止我。 4. 我常对自己的所作所为感到自豪。 5. 我对自己的意见与想法很有自信。 6. 别人很少会误解我说的话。
	对人际的影响力	6	1. 在人群中，我常扮演领导者的角色。 2. 我从小到大很少失败过。【R】 3. 在团体中我喜欢发表意见远胜于去听别人的发言。 4. 在团体中，大家都很尊重我的意见。 5. 有我参与会议的话，通常开会比较愉快且有效率。 6. 我常常能够影响团体会议的气氛。

创业和父母有关吗？——创业者素质的遗传学研究

创业者是不是天生的？创业成功与创业者的基因有多大关系？创业者的 DNA 里面，是否含有一种创业螺旋组织结构呢？

人类基因组计划是由美国科学家于 1985 年率先提出，并于 1990 年正式启动的。美国、英国、法国、德国、日本和中国科学家共同参与了这一预算达 30 亿美元的人类基因组计划。这个计划的设想，就是要揭开组成人体4万个基因的30亿个碱基对的秘密。人类基因组计划与曼哈顿原子弹计划和阿波罗计划并称为三大科学计划。2003年4月14日，中、美、日、德、法、英六国科学家宣布人类基因组序列图绘制成功，人类基因组计划的所有目标全部实现。

人类到底有没有一种叫做创业基因的基因?

这一节，我们引用国外比较知名专家的一些研究作说明，并且对此也作一些详细分析。

根据约翰·伯奇的观点，企业家的特性是人格、情商特性、自我敏感度、商业敏感度和领导技能的结合，其中一些来自基因，一些是由于训练，不过，在创业家建立他们的公司之前，这些已经具体化。也就是说创业之前企业家就已经大部分具备了成功的素质。

凯斯西储大学（Case Western Reserve University）的维泽合德企业管理学院的企业家研究专家斯克特·沙恩（Scott Shane）教授指出，个人遗传的图谱里发现有48%的个人自行经营的倾向来自于遗传。

斯克特·沙恩教授过去几年和英国几所大学的研究人员合作开展了一系列行为基因学的研究，研究的数据是英国870对单卵双胞胎和857对同性双卵双胞胎的成长经历和就业状况。因为单卵双胞胎共享百分百的基因而同性双卵双胞胎则只共享一半的基因，这两个群体之间的行为差异能科学地解释创业行为的基因因素。

斯克特·沙恩教授研究发现:

- 创业倾向具有遗传性。基因遗传可以解释不止一种的创业行为：比如是否开办或拥有企业，开办或拥有企业的数量，是否正在创办企业，创办过企业的数量，是否参与过创办企业，参与创办企业的数量，是否自雇经营，以及有多少年自雇经营的经历，等等。这种遗传性在多个数据库和其他学者的研究中都有发现。

- 对于新商机的识别倾向具有遗传性。商机和创办企业这两项行为的倾向性都受到同一种基因因素的影响。

• 自雇收入（也就是创业）也可以用遗传基因来解释。这就说明基因因素不仅影响人们有没有从事创业的倾向，更能影响创业的实施能力。

• 影响创业倾向的基因同样也影响了人们的一些个性特质，比如这个人是不是外向，对于不同经验能不能具有包容性，有没有把不同的事物进行融会贯通的能力。这说明基因因素可能通过影响人的个性因素来影响我们的创业倾向。

从上面的分析来看，人类确实可能含有一种创业基因的因素，上一代所拥有的素质，随着家庭、环境、教育的实施，对下一代的心理和生理都能造成影响。具有创业精神的人，生命中或多或少含有喜欢冒险、喜欢创新、富于想象力的基因在里面。

为何中国人创业热情高？

同样引用斯克特·沙恩教授2010年3月12日在美国《商业周刊》发表的一篇报告。这篇报告先说了几点与中国人创业热情没关系的内容，然后又说了与中国人创业热情有关系的内容。

首先是与创业热情没有关系的内容：

创业热情跟中国私营部门的大小没有关系。根据英国牛津大学经济学研究员林达·岳的研究报告，1978年国有部门产值占中国国内生产总值（GDP）的比例超过90%；中国国家统计局报告称，国有经济产值当前仍占GDP的大约40%。这同样跟开办企业难易也无关。据世界银行《2010年经商报告》称，按开办企业容易程度排名，美国排在第8位，而中国排在第151位（总共183个国家）。而且，在中国做生意并不容易，在这方面，报告将中国排在第89位。相比之下，美国位列第4。

与制度环境没关系。他们认为，中国没有执行合同或保护私人财产的严格制度。而且，根据世界银行的指标，美国在这方面的排名（特别是关于保护投资者）高于中国。美国是第5位，而中国是第93位。

跟雇用员工难易没关系。根据世界银行的报告，美国在劳动条例方面更加有利，特别是在裁员的成本和难度方面。

跟税费没关系。世界银行报告认为美国的税制比中国更好。

从上面的报告中我们可以看到，在中国创业比在美国创业有更多的限制和困难，但是，我们的创业热情还是很高的。所以创业热情与私营部门的大小、制度环境、雇用员工的难易、税费等没太多的关系。那么，我们为什么有那么高的创业热情呢？

其次是与创业热情有关的内容：

英国杜伦大学社会学家、《中国的企业家精神》一书作者杨克明认为，中国的创业比例之所以高，原因在于中国全国上下注重致富。他解释说："中国人十分渴望过上令人羡慕的物质生活，或许是所有国家中意愿最强烈的。他们总是将自己的物质生活水平跟别人比较，为此一辈子持之以恒地奋斗。"

由美国百森商学院和英国伦敦商学院共同完成的《全球创业观察中国报告（2007）》也支持了中国创业者是受赚钱激发的说法。该报告的数字显示，中国企业家创业是"为了独立"的不到40%，而超过60%的人创业是"为了增加收入"。相比之下，在美国，创业是为了增加收入的占40%多，而将近60%的人是为了争取更大的独立性。

麻省理工学院的斯坦菲尔德认为还有另外一个原因：中国人不易被经济或政治上的不利条件吓倒。斯坦菲尔德说："无论是因为文化还是其他因素，中国创业者再三证明了，他们愿意在一些高风险、很不稳定的环境下开展业务。"

总结斯克特·沙恩教授与其他几位国外教授的观点，我们可以看出，中国人更注重致富、改善物质条件，希望可以赚到更多的钱，而且愿意承担更多的风险。

虽然我们的创业热情高涨，但是，根据其他渠道的数据，在中国的

GDP 当中，私营企业占 50%，国有企业和国家控股企业占 35%，外资企业包括港澳台投资的企业占 15%。在就业方面，根据 2007 年底的材料，注册的私营企业超过 500 万户，在私营企业中就业的工人将近 2 亿人，但仅占就业总人口的 30%。而美国方面，2006 年的数据表明，美国私营服务业部门产值已经占美国 GDP 的 67.8%，就业人数占总就业人数的 65.6%。数据对比能够看出，中国的私营企业数量远比美国低得多，中国人的创业高峰还未真正到来。同时可以看出，中国为数不多的私营企业已经贡献了一半的 GDP 收入，无论从生产率还是从创造的价值角度衡量，创业者都远远高于大众平均数。目前，我们要做的是，如何把创业的热情转化为创业成功的智慧和动力，奔向更加成功的未来。

中国人的创业激情不能完全说是致富愿望驱使。从 1840 年鸦片战争以来，还是有许多民族企业家为了改变我们国家积贫积弱的局面而前仆后继、不遗余力。到了今天，具备这种精神上的追求的创业者也有不少。

国内外对创业企业家的研究结论

总结已有的创业企业家的相关研究，主要结论如下。

1. 良好的教育，较长时间的工作经验。1989 年对美国 600 名创业投资家的调查发现，85% 硕士，12% 学士；学士毕业后平均工作年限为 26.8 年，硕士毕业后平均工作年限为 21.8 年。《全球创业观察中国报告（2003）》显示，我国参与创业活动的人员年龄集中在25～44 岁之间，而《全球创业观察中国报告（2005）》显示，我国创业活动最多的年龄段在 25～34 岁，有年轻化趋势。

2. 所学专业。2000 年对全美 98 家公司的 145 位创业投资家进行调查发现，80% 大学学历中有 12% 的理学硕士，67% 的工商管理硕士，3% 的医学博士，11% 的理学博士。

3. 技术职称。500 名创业投资家中 68% 的工商管理硕士中有 56% 拥有一个或多个技术职称，其中 28% 拥有一个或多个高级技术职称。

4. 毕业院校。工商管理硕士毕业于顶尖商学院：哈佛 36%，斯坦福 20%，沃顿 7%，芝加哥和哥伦比亚大学 4%，其他 29%。

5. 职业背景多样化。34% 的企业管理人员，32% 的银行/财务人员，30% 的企业家，24% 的咨询人员，18% 的市场营销人员，16% 的科技人员，10% 的销售人员，6% 的制造业人员。①

6. 商务经验。68% 的创业投资家在创业投资生涯前有商务经验，其中 81% 有超过 3 年经验，42% 有超过 10 年经验。

7. 创业投资家来源。创业投资家是指向新创立的公司提供融资的专业人员，与一般的投资家不同，创业投资家不仅投入资金，而且用他们长期积累的经验、知识和信息网络帮助企业管理人员更好地经营企业。创业投资家主要来自以下几个领域：

（1）金融机构投资经理转化而来；（2）创业企业家转化而来；（3）科技企业大公司的高级经理转化而来；（4）科班出身的年轻职业创业投资家。

8. 创业投资家素质。素质是指事物的本来性质，指人时表示人的素养、资质和品质。美国哈佛大学教授麦克兰德（McClelland，1973）在其发表的《测量素质而非智力》一文中指出，个人的行为品质和特征比智商更能有效决定人们工作绩效的高低，决定一个人在工作上能否取得好的成就，除了拥有工作所必需的知识、技能外，更重要的取决于其深藏在大脑中的人格特质、动机及价值观等。

素质由高到低有：听力技能，招聘管理人才的能力，定性分析能力，知道/咨询/建议能力，交际能力，战略规划能力，口才，同创业者的联系，团队合作能力，行业专业知识，融资能力，市场能力，创业投资网

---

① 其中职位有重叠，故全部相加不等于 100%。

络，数量分析，技术，金融知识，会计知识等。

9. 家庭环境。美国有50% ~58%的公司创业者的父母是公司所有者、自由职业者、独立的手工艺人或农场主。中国有61.6%的创业企业家幼年家境普通，其中家境清寒的占18.8%，小康家境的占13.4%，中上家境的占6.3%；53.6%的调查对象在家中排行老大；但女性创业者却常来自上层家庭。

10. 性别。《全球创业观察中国报告（2005）》显示，男性较女性更多地参与创业活动。

11. 特质。美国卡鲁创业家协会对75位美国成功创业企业家的研究表明，成功创业企业家必须具有健康的身体、控制及指挥欲望、自信、紧迫感、广博的知识、超人的观念、崇高的理想、客观的人际关系，能够脚踏实地，情绪稳定，主动迎接挑战。

从上面的11个研究结论中，可以看到创业企业家的大致情况，他们大多数都是高学历、有工作经验、有不同于一般人的特质的人，更重要的是，他们有理想，有冒险精神和创新精神，敢于挑战，搏击人生。

亿万富翁是如何炼成的？

——中国创业者成功案例深度分析

◎何谓创业成功？

◎创业成功案例深度分析

◎深度分析之创业者的土壤

何谓创业成功?

创业成功如何定义，首先我们想到的便是创业企业在资本市场成功上市，综观国内外，创业板为我们提供了研究成功创业者的丰富资源。随着中国创业板的推出，创业板已经成为我们经常在媒体上看到或者听到的一个词，那么，首先来谈谈，什么是中国创业板。

中国的创业板特指深圳创业板，主要扶持中小企业，尤其是高成长性企业，它为风险投资和创投企业建立了正常的退出机制，也为自主创新国家战略提供了融资平台，形成了中国多层次的资本市场体系。创业板市场的最大特点就在于低门槛、严要求，有助于有潜力的中小企业获得融资机会，发展壮大。中国创业板作为国家扶持中小企业的平台，长期以来，获得了许多关注，很多小企业都想上创业板，希望能够融资扩大，或者一步登天，但也有不少人称创业板为“逃离板”，原因是创业板上的企业，有许多一旦上市成功之后，企业高管就套现、逃离。到底是坚持扩大，还是套现捞钱，我们先且不说，单说说它们的主要类型吧。

据统计，从 2009 年 10 月至 2010 年 8 月 24 日，短短大半年时间已有 113 家创业公司上市交易，还有 11 家创业公司正在进行上市发行。上市企业主要集中在电子信息、新材料、节能环保等新兴行业，创业板是中国创业型、创新型、创造型企业发展的助推器，充分体现出我国当前支持新兴战略型产业发展的政策。

除此之外，国内中小板也集中着大量成功的创业企业，相对创业板而言中小板推出的时间更早，早在 2004 年 5 月经国务院批准，深圳证券交易所在主板市场内设立中小企业板块。中小板块是流通盘 1 亿元以下的创业板块，中小企业板的建立是构筑多层次资本市场的重要举措。

根据笔者统计，自 2004 年 5 月深圳中小板启动至 2010 年 8 月，累计已经有 461 家企业完成上市融资，成功实现资本市场的跨越，不仅通过上市融资实现站在更高起点上的企业发展，通过引入公众投资者完善企业治理结构，通过企业多种渠道的融资实现资本制约，更重要的是上市使得企业创始股东们的财富一夜之间呈现数十倍乃至上百倍的增值。2008 年 7 月以来，中小板上市公司中约有 83% 的上市公司属于民营企业，这意味着 2008 年 7 月以来至少产生了 160 位亿万财富的拥有者，而实际上中小板启动至今这样的财富神话的案例可能超过 1 000 例。

作为金融中心的中国香港早在 1999 年 11 月就成立了创业板，香港创业板是香港联合交易所有限公司经营的一个独立的股票市场，其并没有规定有关公司必须有盈利才能上市。其宗旨是为新兴、有增长潜力的企业提供筹集资金的机会，也为内地企业打开国际市场提供渠道。

大洋彼岸的美国推出创业市场的时间更早，我们熟知的纳斯达克股票交易市场是其中的典范。纳斯达克（NASDAQ）是美国全国证券交易商协会于 1968 年着手创建的自动报价系统名称的英文简称，目前上市公司超过 5 000 家。由于纳斯达克上市公司一般以中小公司和高科技公司为主，被全球的投资者视做创业板的鼻祖。另外，美国纽约证券交易所也有不少创业企业，不过其规模相对纳斯达克上市公司要大许多。

作为在创业板成功上市的团队而言，高薪、一夜暴富的例子不胜枚举，但是创业时的艰辛却少有人知。我们看到别人成功的时候，除了“羡慕嫉妒”之外，应该认真思考他们的成功之路。事实上，这些创业者，除了勤奋、执著之外，他们所经历的艰难、所具有的特质有着惊人的相似，均是经过一番艰苦卓绝的历练，才取得成功。下面我们观察一下国内国外创业团队的共同点。

创业案例的数据说明

本章的数据全部来自上市公司公开资料，这些公开资料包括上市公司招股说明书、中期报告、年度报告，笔者根据以上公开资料中关于上市公司创始人的有关信息汇总成数据库进行分析，对于年龄等数据均按照实际年份进行相应处理，对于缺少的数据按照相应的类别进行划归。

中国创业板的数据来自从2009年10月创业板启动至2010年8月底为止已上市公司的公开资料，累计有113家企业。而中小板市场的数据来自从2004年5月深圳中小板启动至2010年8月为止累计已有的461家企业。

中国香港创业板的数据来自香港创业板截至2010年8月底的公开资料，现有170家企业，涉及23个行业。

美国创业板的数据来自截至2010年8月底在美国纽约交易所和纳斯达克股票交易市场上市的中国公司共计88个样本。

创业成功案例深度分析

我们在感慨资本市场的神奇之余不禁要问，什么样的人在创业的道路上更有成功的可能性，什么人能够一飞冲天，成为亿万富豪？看看上面，上市公司的财富拥有者们不仅给我们演绎了一番财富神话，让人心潮澎湃、羡慕不已，更重要的是，他们带给我们诸多值得学习研究的创业成功素材，为接下来的创业者们提供可以借鉴的榜样。

深度分析之成功偏好理工科背景

据笔者统计，在已公开的创业板上市公司中，113家公司共469位高管中，学习理工科的人数达到375人，占总人数的80%，其中任董事长、总裁职务的有62位，商科类毕业高管占17%，其中学习MBA的高管有68人，而工科出身、后攻读MBA的有14人。从上面可以看出，高学历、高层次、学习理工科的人在创业板上市公司中比较吃香，专门学习商科的比例也很高，两者结合的也占了相当大的一部分，其原因，大概就是理工科的学生动手能力强，商科增强了他们的商业技巧，并且补充了大量的经验。

从中小板创业成功的案例来看，学科背景的分布具有明显的特征，理工科案例占到总数的77%，而文科案例占到23%。这个道理其实很简单，理工科学生在校动手机会较多，实践机会较多，相对解决实际问题的能力强一些，而非理工科毕业生相对来说纸上谈兵的机会多一些。在创建和管理企业方面，理工科学生应该更有优势一些，这点前面已经分析过。

再来看中国香港创业板的学科背景，笔者统计的48个样本中，创业者具有理工科学科背景的占19%，而文科背景的创业者占8%，同样有73%的创业者的学科背景无法获取（见表7）。从这点来看，香港创业板上也同样是理工科出身的毕业生比文科出身的毕业生具有优势，但这个比例没有中国创业板的高，这可能主要与香港创业板上资讯、传媒等比较发达有关，文科生更易在这些行业内创业。

表7　　中国香港创业者学科背景表

学科背景	样本数量	比重（%）
理工科	9	19
文科	4	8
未知	35	73
总计	48	100

在美国纳斯达克和纽约交易所上市的中国公司创业者中，理工科背景的创始人有60人，占总样本的68.18%，这一结果也与我们此前分析的国内和香港地区创业板市场吻合。

《中国青年报》社会调查中心与新浪网组织的“文科生还是理科生更容易创业成功”的调查显示，3 275名接受调查的网民中，64.99%的人表示身边理科生创业的居多，23.37%的网民表示文科生居多，11.64%的网民表示两者数量差不多。数据表明理工科背景的毕业生更多会选择创业。

主要原因：一般上市成功企业都是靠某一项技术起家，技术创新加资本最后成功上市的占绝大多数。国内许多的创业园区，基本都是吸引以新技术、新产品为主的高科技型公司，文科背景的大多不具备产品研发能力。文科生更多的是做管理、宣传工作。

深度分析之成功需要过硬的学识

以中国创业板高管为对象，从高管学历来看，40.94%的高管为本科学历，40.3%的高管为硕士研究生学历，7.25%的高管为博士研究生学历。就高管所学专业与创业公司所属行业来看，有43.92%的高管从事行业与所学专业对口，而有20.9%的高管从事的行业与所学专业并不对口，另外有35.18%的高管由于其专业数据未知导致无法判断。本科学历的高管比较多，可以看出就业早以及社会经验更丰富的人，在创业时更为有利。而所学专业与从事行业对口的比例不到50%。

6.4%的高管具有海外留学背景，从中也能看出高学历海归较一般人视野开阔，资源丰富，创业成功的几率确实比一般人高一些。

我们再来看中小板的创业者。统计资料显示，中小板成功案例中教育背景的分布特征并不是特别明显。中小板上市公司创始人的学历分布比较平均，大专及大专以下的创始人占36.5%，本科学历的创始人占32.7%，本科以上学历的创始人占样本数量的30.8%（见表8）。在统计的156个样本中，小学学历的创始人有1例，初中学历的创始人有2例，高中学历的创始人有4例，中专学历的创始人有4例，也就是说大专以下学历的创始人占比为6.92%，大专学历的创始人占比为29.56%。而在所有案例中，具有教授职称的创始人有15例，占总数的9%；具有参与或主持省级/国家级科研项目研究、产生科研成果或者获得发明专利、获得省级/国家级等各种科技奖项以及享受政府特殊津贴待遇的创始人有20例，占样本总数的13%。

表8　　国内中小板上市公司创始人学历分布

教育背景	样本数量	比重（%）
大专及大专以下	57	36.5
本科	51	32.7
本科以上	48	30.8
总计	156	100.0

从以上统计结果可以发现，中小板创始人本科及本科以上学历占63.5%，而本科以下学历的创始人占36.5%，其中约7%的创始人甚至连大专文凭都没有拿到。中小板创始人的教育程度与创业板相比要低约25个百分点，创业板高管中本科及本科以上教育程度占到88.5%。出现这种结果一方面是由于中小板企业所处的行业与创业板相比而言更偏向传统行业，另一方面需将结果与当时的时代背景联系起来，否则某些结论会有失偏颇。根据教育部的资料，中国“文化大革命”期间高考中断了整整10年，直到1977年才恢复，与此同时改革开放也在这一年正式开始。20世纪90年代是一个非常特殊的年代，改革开放走到1992年，面临十字路口，姓“社”姓“资”的问题困扰改革继续。在这样的背景下，邓小平南方谈话彻底解决了人们的困扰，“黑猫白猫，抓到老鼠的就是好猫”，只要能够让大家富起来，姓什么的问题可以不用管太多，走具有中国特色的路线才是真理。也就是从这一年开始，下海经商也随之风起云涌，一批批富有激情的人们从体制内移身商海，这些人后来被归为“92派”，这波体制创业潮一直持续到2000年左右。

笔者统计的48家在香港地区上市的中国公司中，共有21%的创业者学历为大学以上，其中硕士占15%，博士占6%；大学本科学历的创业者占25%；另外约有54%的公司创始人教育背景不详（见表9）。

表9　　香港上市公司中国创业者学历分布

教育背景	数量	占比（%）
大学	12	25
大学以上	10	21
未知	26	54
总计	48	100

表9显示的教育背景说明大学以上学历的人还是占大多数，与中国创业板类似，知识就是力量，这永远是真理。未来手工作坊式的传统企业必将被淘汰，企业发展需要更有学识、更有创造力的企业家。

深度分析之学校对成功创业者的影响

在中国创业板上市企业中，高管毕业院校位居榜首的是清华大学，共24人，占5.1%，其中11人攻读的是MBA；排第二位的是中国科学院，共15位高管，占3.2%；接下来的分别是北京大学，占2.56%；北京师范大学，占1.71%；中山大学，占1.71%；北京科技大学，占1.28%；复旦大学，占1.28%；厦门大学，占1.28%；浙江大学，占1.07%；东北大学，占1.07%；上海交通大学，占0.85%；等等。从以上数据可见，名校的比例更高一些，科技类、理工类的院校成功比例也比较高，名校的教育和资源非普通学校可比，竞争也激烈，成功的几率自然也大一些。

从中小板成功案例的创始人毕业院校来看，笔者统计资料的结果显示，中小板创始人的毕业院校来源如下：复旦大学、浙江大学、西安电子科技大学、天津大学、东南大学、西安交通大学、哈尔滨工业大学、北京航空航天大学等大学各占2例，而北京理工大学、四川大学、武汉大学、电子科技大学、中山大学、北京林业大学、哈尔滨船舶工程学院、苏州医学院、河南财经学院、武汉科技大学、河南师范大学、贵阳医学院、湖南农学院、中国农业大学、湖南商学院、湖州广播电视大学、天津财经学院、华南理工大学、解放军理工大学、中南工业大学、郑州航空管理学院、中国煤炭经济学院、中国人民银行研究生部、汕头大学、贵阳中医学院、中山农业大学、山东农学院等大学各占1例，芝加哥西北大学、美国蒙大拿大学、美国西北理工大学、美国西海岸大学、澳门科技大学各占1例，其余则由于统计资料难以获取而空缺。从以上资料可以看出，中小板创业者的“出身”各式各样，主要由于统计资料仅收集到三分之一创始人的毕业院校信息，而从已有资料看来，他们所在的院校大部分属于国内外重点高校。当然，也有许多后起之秀通过自己的努力最后都取得了成功。

中国香港创业者的毕业院校也比较分散，来自香港中文大学、香港大学的各有3例，来自南开大学的有2例，除此之外的成功创业者来自中国传媒大学、西安电子科技大学、太原医学院、多伦多大学、南澳大学、哈佛大学、纽约大学、华中科技大学、上海音乐学院、北京工业大学、宾夕法尼亚大学、太原理工大学、美国波士顿大学、中欧国际工商学院、美国加州大学伯克利分校、美国史瑞福大学等 17 所全球各地的大学，另外有 24 位创业者的毕业院校不明，占 50%。

美国上市的中国创业者中清华毕业的有 13 人，北大毕业的有 9 人，分别占样本总数的 14.7% 和 10%，合计占 24.7%。由此可见名校的教育、支持与校友资源是其他院校难以比拟的。成功创业者中有留学经历的有 23 个，占总样本比例的 26%。此统计说明，创业成功未必需要去留学深造，也从某种程度上说明国内的教育与环境都在逐渐变好。

深度分析之成功离不开日积月累

十年磨一剑，中国人爱用这个典故来形容某件事情的不易。创业更是不易，大多数的高管都是经历了十年以上的磨炼才进入创业的行业中。笔者对中国创业板上市企业进行了统计发现，仅有 3% 的成功创业者拥有低于 5 年的工作经验，14% 的创业者在创业之前有 5 ~ 9 年的工作经验，约 26% 的创业者拥有 10 ~ 14 年的工作经验，约 13% 的创业者拥有 15 ~ 19 年的工作经验，16% 的创业者拥有 20 ~ 24 年的工作经验，10% 的创业者拥有超过 25 年工作经验，另外还有 18% 的案例无法获得其工作经验的数据。创业前工作年限在 10 ~ 14 年的人数占比最大，达到 26%，约 65% 的创业者在创业之前的工作年限超过 10 年。从中可以看出，工作经验确实很重要，时间的磨砺，社会经验的积累，能够避免很多直接创业带来的失败。

以上市时公司高管的年龄来看，平均年龄达到 44 岁，36 ~ 40 岁、41 ~ 45 岁、46 ~ 50 岁三个年龄段分别占到 22%、26% 和 22%，35 岁以下高管仅占到 9%。由此可以看出，40 多岁这个年龄段，正是经过读书、工作、创业之后，取得成功，享受成果的年龄段，只有少部分人，在 30 多岁就极为成功。

中小板上市企业创业者的创业年龄统计结果为：20 岁创业的企业家占 1%，20～29 岁创业的企业家占 14%，30～39 岁创业的企业家占 53%，40～49 岁创业的企业家占 23%，50 岁以上创业的企业家占 8%。以上统计数据可见，76%的中小板企业创始人创业时的年龄在 30～50 岁之间，案例中约一半以上的创业者创业时的年龄为 30～40 岁。美国伊文·马里恩·考夫曼基金会、杜克大学和哈佛大学曾经在 2005 年发布了一份美国科技公司创始人平均创业年龄的调查报告，报告显示美国科技公司创始人的平均创业年龄为 39 岁，该报告是在对 1995 年到 2005 年所创立的美国科技公司创始人年龄、受教育程度及其他情况进行调查的基础上得出的。30～40 岁是人最成熟、最年富力强的时候，脱离了二十几岁的幼稚，又没有五六十岁的衰老，因此，也是从创业到创业成功的最佳时期。

从中小板创业者年龄和创业前的工作时间来看，案例中有 46 个创业者出生于 20 世纪 50 年代，占 29.5%；有 87 个创业者出生于 60 年代，占 55.8%。两者合计占 85.3%，也就是说绝大部分的中小板创业企业家目前的年龄介于 41 岁至 60 岁之间。而 70 年代后的成功案例也有 11 例，占 7.1%；出生于 40 年代的企业家有 10 例，占 6.4%（见表 10）。另外，从创业前的工作年限来看，17%的创业者在创业之前有 5～9 年的工作经验，约 32%的创业者拥有 10～15 年的工作经验，约 15%的创业者拥有 15～20 年工作经验，20%的创业者拥有 20～25 年工作经验，其余 12%的创业者拥有超过 25 年的工作经验。因此，用十年磨一剑来形容创业成功的历程显然不为过，通过创业前的工作经验，积累各种创业要素，包括管理、技术、资金等，最后才能经受住浪潮的洗礼，屹立不倒。

表 10　　国内中小板上市公司创业者出生年份分布

创业者出生年份	样本数量	比重（%）
1930 年以前	1	0.6
1930—1939	1	0.6
1940—1949	10	6.4

续表

创业者出生年份	样本数量	比重（%）
1950—1959	46	29.5
1960—1969	87	55.8
1970—1979	11	7.1
总计	156	100.0

从中国香港创业板的资料来看，8.3%的成功创业者出生于1935—1940年，12.5%的成功创业者出生于1951—1960年，12.5%的成功创业者出生于1961—1970年，另外分别有2.1%的创业者出生于1971—1980年及1981—1990年，统计中有30个案例无法确定创业者出生日期，约占62.5%（见表11）。

表11　香港上市公司中国创业者出生年份分布

创业者出生年份	数量	占比（%）
1935—1940	4	8.3
1951—1960	6	12.5
1961—1970	6	12.5
1971—1980	1	2.1
1981—1990	1	2.1
其他	30	62.5
合计	48	100.0

以上数据可以看出，香港创业板中创业者年龄主要集中在40~59岁，这个年龄段，也正是创业成功、摘取胜利果实的时段。

在美国上市的中国创业者中，在创业成功前做企业高管的创业者样本为58个，占样本比例的65.9%。经验的重要性可见一斑。另外，上市公司启动资金为自有资金的样本比例为49个，占总样本的55%。此项统计，未计入后续上市之前的融资和风险投资等。从创业的角度来讲，初创企业一般很难得到风投融资，只有公司发展到一定的程度，有稳定的现金流，融资才相对容易。

深度分析之成功岂是一朝一夕

创业难，上市的路程也不易。根据统计，在创业板上市的100多家公司平均成立时间在9年以上，其中成立5～10年才上市的公司最多，占57.52%，其次是成立10～15年的公司，占23%，成立3～5年的上市公司仅占8%。第一批上市的创业板公司大多数都经历了从原来的国企经过改制，然后成功上市的历程。由此可见5～10年是一家公司的关键，公司持续发展还是倒闭，这是一个关键期。国企背景则说明第一批公司在特定的时代，获得了相当的稳定资源，从国企的垄断中走出来，投入轰轰烈烈的竞争里，成功的把握性更大。

相比2000年后互联网热潮下的硅谷科技创业人士，中小板上市公司的创始人普遍的创业时间在20世纪90年代中后期，并且行业也主要集中于传统行业。本书统计的156家中小板上市公司中，有3家企业成立于1983—1987年之间，有11家企业成立于1988—1992年之间，有53家企业成立于1993—1997年之间，有82家企业成立于1998—2002年之间，有7家企业成立于2003—2007年之间。其中，1993—2002年成立的企业有135家，占总数的86.6%（见表12），而这个时间段正是前文提到的邓小平1992年南方谈话之后的“92派”创业潮期间。那段时间，正是人们常说的“下海”最疯狂的时候，人们从机关、事业单位纷纷出走，创办各种各样的企业，而那时候的企业又大多数以实业这样的传统行业为主，互联网等高新技术行业那时候只是刚刚萌芽。

表12　　国内中小板上市公司创业者创业时间分布

创业时间	样本数量（家）	比重（%）
1983—1987年	3	1.9
1988—1992年	11	7.1
1993—1997年	53	34.0
1998—2002年	82	52.6
2003—2007年	7	4.5
总计	156	100.0

这些企业中，85%的企业持续经营时间超过8年，以2010年作为基准，1993—2002年成立的企业持续经营时间在8～17年。而国内不少研究机构就曾经对中国民营企业的平均寿命做过研究，《中国民营企业发展报告2005》蓝皮书曾经根据全国工商联对上规模民营企业的调研统计得出：全国每年新生15万家民营企业，同时每年又死亡10万多家，有60%的民营企业在5年内破产，有85%的民营企业在10年内消亡，其平均寿命只有2.9年。2009年温州民营企业生命周期专项研究课题组依据工商部门“经济户口”数据库中的企业注册和注（吊）销资料，得出温州民营企业平均寿命的一个大致区间是9年至13年，再通过测算分析得出温州民营企业平均寿命为10.99年的结论。由此可见，中小板上市企业中有85%的企业其寿命都超过这两个民间统计得出的结论，某种程度上解释了一种成功的逻辑，即“活下来”。“活下来”的企业证明，在激烈的竞争中，坚持就是胜利。

深度分析之成功乃失败之母

我们以成功之前的创业次数作为研究对象，在中国创业板中，现任董事长或总经理的高管中在此次创业以前有过一次以上创业经历的有54人，占113家公司的48%。创业失败一次的人，更懂得如何避免接下来的失败，最终，他们还是成功了。

深度分析之女怕嫁错郎、男怕入错行

创业成功不仅需要创业者的坚持不懈，也与其他因素息息相关，比如创业地区和所处的行业。以中国创业板为例，从公司在全国的分布来看，最为集中的省市为北京，占19.64%，广东占18.75%，浙江占9.82%，上海占6.25%，四川占5.36%，福建占4.46%，山东占3.57%，江苏占3.57%，湖北占3.57%，安徽占3.57%。北京作为首都具有无法替代的资源优势和中国最著名的大学，而广东、浙江、上海等地也因为是地区金融中

心，人才多、资金多，政策支持力度大，所以成功的公司也比较多。在北京的22家创业板上市公司中有7家从事计算机相关行业。在广东的21家创业板公司中除3家外全部设立在沿海城市，其中9家设立在深圳，且从行业上看，5家从事计算机相关行业，4家从事仪器仪表行业，3家从事电子元器件行业。浙江、江苏、上海的长三角地区也是创业板公司较集中的地区，共22家公司，同样也有7家公司从事计算机相关行业和电子元器件行业。

共有34家上市公司设立于沿海城市，占30%。沿海城市一直是经济发达的地区，相比西部来说，人才和资金的资源更多。

就行业来看，统计的113家公司中从事计算机应用服务的11家，占9.73%；从事电子元器件制造业的8家，占7.08%；从事化学原料及化学制品业、计算机软件开发与咨询业、输配电及控制设备制造业的均为5家，各占4.42%；再接下来的是从事通信服务业、医药制造业、专用化学产品制造业、冶金矿山机电工业、电器机械及器材制造业等。从上面来看，这些创业板公司大多集中在高科技、高新技术行业内，因为这些以技术为主的公司能够很快占领市场，服务于大众生活。传统的制造业版图已经基本形成，难有企业一飞冲天。

中国香港创业板现有170家企业，涉及13个行业。与创业板旗帜鲜明的“增长”主题不谋而合的是科技行业最受吸引，其中首先是软件服务业45家，资讯科技器材业17家，两者合计占36%。其次是保健护理用品行业有18家，占11%。传媒印刷、工业制品业均有10家，各占6%（见表13）。

表13　　香港上市公司中国创业企业行业分布

行业	软件服务	保健护理用品	资讯科技器材	工业制品业	传媒印刷	支援服务	原材料	其他金融	家庭电器及用品	采矿	运输	汽车	其他
数量	45	18	17	10	10	8	7	7	7	6	5	5	25
百分比（%）	26	11	10	6	6	5	4	4	4	4	3	3	14

从表13可以看出，中国香港的创业板上比例较高的公司为高新技术公

司，说明香港创业板以创新型企业为主，保健护理和资讯传媒也排名靠前，说明化妆品业和娱乐行业在香港比较发达，至于汽车、运输、采矿这样的传统企业，在香港创业板上就不怎么吃香了。

深度分析之创业亦有花木兰

中国创业板上市公司高管中仅有4.69%为女性，说明男性本身所具有的先天优势，更适合创业，但女性在创业板中的分量同样不可忽视。

在中小板中，笔者统计的156个成功案例中，女性创始人的企业仅有5例，约占3%，也就是说97%的企业创始人均为男性。女企业家始终比男企业家少，这是不争的事实，女性比男性创业难，也是事实。

深度分析之创业者的土壤

根据笔者的统计资料，截至2010年9月7日，中国创业板总共有117家上市公司，其省份和地区的分布如表14所示

表14　　中国创业板上市公司地区分布

省份分布			城市分布		
省份	数量	比重（%）	省份	数量	比重（%）
广东	23	20	北京	23	20
北京	23	20	深圳	10	9
浙江	12	10	上海	7	6
上海	7	6	杭州	6	5
福建	5	4	成都	4	3
四川	5	4	厦门	4	3
江苏	4	3	西安	3	3
陕西	4	3	汕头	3	3
山东	4	3	郑州	2	2
其他15个省份	30	26	其他48个市	55	47
总计	117	100	总计	117	100

从表 14 的统计中可以看到，在这些创业板上市公司中，排名前三位的公司来自广东、北京和浙江，如果按照城市计算的话，排名前三位的公司来自北京、深圳和上海。

我们看到作为中国经济最发达地区的上海却在创业板上市企业数量上远远落后于北京，仅比杭州多一个公司，这有点奇怪，为何上海在创业板中的比例如此低?

北京在创业板中的领先，其主要原因是北京拥有全国最大的高新技术企业创业摇篮——中关村，拥有代表中国高等教育最高质量的学府——清华大学，同时北京也是国内风险投资、股权投资机构集中的区域。

而深圳的优势更多在于深圳作为我国最早的经济特区，拥有最高比例的区域外移民和创业中小企业数量，当地的风险投资机构实力不容小觑。

相比之下，上海是中国最成功的商业城市，其商业化的氛围与消费环境形成得很早，20 世纪 20 年代以后南京路更被称为“十里洋场”，是远东最繁荣的商业城市。而从创业环境来看，比人才，上海尽管拥有复旦大学、上海交通大学等高校，但人才储备远不如北京，特别是在科技人才储备方面，上海则更偏重金融人才，也就是说上海更喜欢“财”，北京更喜欢“才”。对比创业成本的话，上海的创业扶植政策力度远不如苏州，原本小企业靠着高新科技有了一定的发展，想扩大化，从外地来上海一看，租金高、物价高，还不如靠近上海的苏州呢！上海高企的生活成本也使得许多有技术无资金的创业者望而却步。

中国人在硅谷如何成功？

◎美国华人创业的特征

>> 美国华人创业的特征

清华、科大和北大理工类毕业生中出国发展的目的地主要是走向美国，包括硅谷公司。浏览一下硅谷公司的员工名单，也会发现无数的清华毕业生。

华人控制的硅谷公司现已达2 000家以上，占硅谷公司的1/5，而来自中国的华人则越来越多。比如，电视机厂家康佳公司和主要计算机公司联想集团都已在那里建立了自己的科研实验基地。这一方面说明了中国对世界的影响力，另一方面也说明了世界高新企业的大联合在硅谷。

美国加州大学伯克利分校的一位叫萨克瑟·尼安（AnnaLee Saxenian）的教授曾对硅谷的创业公司做过系统研究，他观察了1995年到2005年成立的工程和技术公司的主要特征，其中有关移民和华人的数据摘录如下：

- 新建公司的25.3%，至少有一个主要创始人是外来移民。
- 中国（包括大陆和台湾）企业家对于加利福尼亚贡献巨大，49%的中国大陆人和81%的中国台湾人开设的公司落户于此。
- 将近80%的移民建立公司集中在两个领域：软件和创新、制造业相关服务。他们的创始人基本上集中在半导体、计算机、通讯和软件领域。
- 非公民移民申请国际专利的数字从1998年的7.3% 增长到2006年的24.2%。移民非公民的发明者大部分是中国人（含大陆和台湾），印度人位居第二，其后是加拿大人和英国人。
- 移民非公民申请专利更多集中在理论、计算、实用专利上，机械、建筑或传统工程专利相对较少。
- 1994—2005年，印度或中国创始人开设公司的比例从24%增长到28%。就硅谷工程技术公司创始人而言，印度移民超过了中国移民。
- 1980年到1998年创立的公司中17%的公司有1名中国创始人，7%的公司有1名印度创始人。从1995年到2005年，印度人在整个硅谷创立公司中的主要创始人比例占到15.5%，中国大陆和台湾创始人比例为 12.8%。

- 从硅谷回中国大陆和回印度创业的人可能都只占各国在本地移民数量的 10% 左右（回国创业的比例还不是很高）。
- 据硅谷指数统计，硅谷地域是一个典范的少数族裔占多数的地方。

这里的白人只占人口的 40%，而亚裔却占到了 28%，西班牙裔占到了 25%。本地 36% 的居民诞生于外国，其中 57% 是亚裔，均远远高于美国全国平均水平。以亚裔为代表的少数族裔数目上占优势，在大学里更加显著。硅谷就像一个人才吸引中心一样，世界各地的人才都被吸引过来，正如每一个大城市，如中国的北京、上海、深圳一样，外来人口会越来越多，无数的年轻人心怀梦想，到自己心目中的都市，寻找成功之梦。

在硅谷如何获得成功？

——美国硅谷创业成功案例深度分析

◎硅谷在哪里？

◎硅谷由来

◎硅谷有哪些创业奇迹？

◎硅谷创业模式为什么会成功？

◎硅谷创业成功案例回顾

硅谷在哪里?

企业家是一群商业嗅觉灵敏的动物，他们的跨国流动常常受到某些地区和国家投资政策的吸引。对这一跨国流动群体具有吸引力的常常是那些税收政策优惠、能够获得高新技术所必需的风险投资的地区。这些地区，拥有许多优秀的人才，拥有最先进的技术，拥有吸引世界的目光，拥有最丰富的资源……这样的地区在哪里?

美国的硅谷就是这样一个地区，它的模式对许多国家具有借鉴意义。

硅谷地处美国加州北部旧金山湾以南，早期以硅芯片的设计与制造著称，因而得名。这是个不足 1 500 平方英里的狭长谷地，后来其他高新技术产业也得到了蓬勃发展，硅谷的名称现泛指所有高新技术产业。

自 20 世纪 80 年代后，世界各国和地区为促进高科技发展，都试图建立起自己的硅谷，如美国波士顿的“第二硅谷”、“日本硅谷”、“韩国硅谷”等。中国也不例外，有北京中关村硅谷、上海浦东硅谷（位于浦东张江）和广东深圳硅谷，浙江杭州也有一个“天堂硅谷”。

在地理上，硅谷起先仅包含圣塔克拉拉（Santa Clara）山谷，主要在圣塔克拉拉县和圣何塞市（San Jose）境内，之后逐渐扩展，也包括周边如圣马刁县（San Mateo County）、阿拉米达县（Alameda County）的一部分。硅谷不是一个地理名词，在地图上一般不做标注。

硅谷由来

“硅谷”这个词最早是由霍夫勒（Don Hoefler）在 1971 年创造的。它从 1971 年 1 月 11 日开始被用于《每周商业》报纸电子新闻的一系列文章的题目——美国硅谷。之所以名字当中有一个“硅”字，是因为当地的企业多数是与由高纯度的硅制造的半导体及电脑相关的。而“谷”则是从圣塔克拉拉山谷中得到的。当时的硅谷就是旧金山湾南端沿着101公路，从门罗公园、帕拉托经山景城、桑尼维尔到硅谷的中心圣塔克拉拉，再经坎贝尔直达圣何塞的这条狭长地带。这些位于旧金山湾两岸地区的加入使硅谷迅猛地发展起来。在开始的十几年时间里，由于记者的拼写错误它都被误称为“硅胶谷”，因为“硅谷”这个词语还没有融合到美国文化中。

>> 硅谷有哪些创业奇迹?

硅谷的生产总值可以与韩国持平，硅谷的生产总值占美国国内生产总值的5%，而人口不到美国总人口的1%。如果作为独立的经济体来计算，硅谷在世界所有经济体中可以名列第11位。

2006年硅谷总共有225 300个高新技术职位。以高新技术从业人员的密度而论，硅谷居美国之首，每1 000个在私营企业工作的人里有285.9人从事高科技业。高技术职位的平均年薪亦居美国之首，达到144 800美元。2008年硅谷人均GDP达到83 000美元，居全美第一。

硅谷是美国高科技人才的集中地，更是美国信息产业人才的集中地，目前，硅谷集结的美国各地和世界各国的科技人员达100万以上，美国科学院院士在硅谷任职的有近千人，获诺贝尔奖的科学家达30多人。硅谷是美国青年心驰神往的圣地，也是世界各国留学生的竞技场和淘金场。在硅谷，一般公司都实行科学研究、技术开发和生产营销三位一体的经营机制，高学历的专业科技人员往往占公司员工的80%以上。硅谷的科技人员大都是来自世界各地的佼佼者，他们不仅母语和肤色不同，文化背景和生活习俗各异，所学专业和特长也不一样。

1998年，欧盟前瞻技术研究所进行了一项名为“在美国的欧洲企业家”的调查。该调查显示，来自欧盟成员国的企业家在旧金山海湾地区创建的高科技公司大约有350家。其中许多高科技公司的创办者表示不愿再回欧洲。主要原因是欧洲政府的官僚主义作风严重、创业氛围不好、人力资源管理上缺乏弹性、风险资本缺乏等。

硅谷创业模式为什么会成功?

硅谷模式的特点是以大学或科研机构为中心，科研与生产相结合，科研成果迅速转化为生产力或商品，形成高技术综合体。

硅谷创业成功，或者说技术型公司创业成功，取决于以下四个因素：

1. 创始人（团队）：高学历/有知识/诚信/有创业精神

硅谷的创业成功者一般都是名牌大学毕业，在知名公司做过一段时间，积累了相当的经验，对行业有所了解，知道行业的不足与需要改进的地方。理工科出身居多，相比之下工程师不尚空谈，踏实肯干。许多创业成功者都进行过许多小规模的创业尝试。

事实证明，一个创业团队进行创业，比一个人单枪匹马创业，更容易成功。

在硅谷高科技企业的创业过程中，创业团队的重要性显得更为突出。这主要跟高科技产业本身的特点有关，由于技术能力要求相当高，一般来说，单凭创业者一个人的力量是不够的，拥有不同技术专长的人必须组织起来互相取长补短，共同合作，才能够应付各种困难，应付各种强大的竞争对手，脱颖而出，最终取得成功。因此在创业的初期，他们通常是以创业团队的形式创业。

2. 公司技术壁垒：技术突破/模式突破/有市场

大学、研究机构所研发出来的技术，未必马上有实用价值，但可以进行“孵化”，就是把技术变成生产力。在硅谷成功的企业中，大学毕业生和研究生占有极大的比例和地位。

那么推动创业的创意来源于哪里呢？也许是工作中不断总结发现的给予，也许是偶然间朋友的讨论让你意识到机遇等等，创业无疑来自于创新，我们这里引用彼得·F. 德鲁克的研究，他在《企业家精神》一书中认为："任何使现有资源的财富创造潜力发生改变的行为，都可称为创新。"

在《企业家精神》这本书中彼得·F. 德鲁克把创新的来源划分为七个方面，七个创新机遇来源的界限并不分明，彼此之间有相当多的重叠部分。它们好比是七扇位于同一个建筑物不同方向的窗口。每一扇窗口展现的一些景色也可以从邻近窗口看到，但是从窗口中心看到的景观却是互不相同。

（1）意想不到的事情。意想不到的成功，意想不到的失败，意想不到的外部变化，都有可能会成为创新的契机。没有哪一种来源比意外的成功能提供更多创新的机遇。而且，它所提供的创新机遇风险最小，求索的过程也最容易。但是，意外的成功几乎完全受到忽视，更糟糕的是，管理人员往往积极地将其拒之门外。

（2）不协调的现象。实际情况与人们的主观判断或通常认识不一致。所谓不协调，是指事物的状态与事物"应该"的状态之间，或者事物的状态与人们假想的状态之间的不一致、不合拍。也许我们并不了解其中原因，事实上，我们经常说不出个所以然来。但是，不协调是创新机遇的一个征兆。

（3）过程需要。过程中存在薄弱环节或缺失环节，处于过程中的人们都知道。与意外事件或不协调一样，它也存在于一个企业、一个产业或一个服务领域的程序之中。它完善一个业已存在的程序，替换薄弱的环节，用新知识重新设计一个旧程序。有时它提供欠缺的环节就能产生一个完整的程序。

（4）市场与产业结构的变化。市场与产业结构在临近变化时非常脆弱的产业结构何时改变？

这四大来源存在于企业内部，不论是商业性或公共服务性机构，或一个工业或服务领域。因此，能够看到它们的人主要是那个工业或服务领域的人。它们基本上是一些征兆，但却是那些已经发生的变化或只需少许努力就能发生变化的可靠指示。

（5）人口变动。人口规模、年龄结构、组成成分、就业情况、教育程度、收入水平（比如说中国的消费崛起带来的机会，或老龄化带来的挑战）等。

（6）观念转变。观念转变并没有改变事实，而只是改变了它的含义。

（7）新的知识。知识创新的两大特点：长前导期和综合性（比如说互联网的诞生）。

这三个创新机遇的来源涉及企业或工业外部的变化。

由于每一个来源都有自己的独特属性，因此，这七项来源需要单独进行分析。然而，没有哪一个来源天生比其他来源更重要或更具生产力。

它们按照可靠性和可预测性的程度，由高到低排列。与普遍的认识相反的是新知识，特别是新科学知识不是成功的创新最可靠或最可预测的来源。虽然科学创新非常引人注目、风光、重要，但它实际上却是最不可靠和最不可预测的。相反对隐性变化征兆（如意外成功或意外失败）的平庸且无吸引力的分析，其风险性和不确定性却是相当低的。

硅谷的成功，很大部分是创新的成功，所以它凝聚了大量的高新技术产业，更新、更快、更有创意的产业，能够在硅谷快速成功。大学生和研究生处在人生青年时期，思维最活跃，最易于接受新事物，因此，他们所占的比例较高。

3. 资金：风险投资/有资金推动

风险资本家不仅向有发展前途的高技术公司提供必要的资金支持，而且还提供管理和技术方面的咨询。所以要想把技术或者梦想转变成现实，需要有足够的资金支持。

从 1972 年第一家风险资本在紧挨斯坦福的沙岗路落户，风险资本极大地促进了硅谷的成长。1980 年苹果公司的上市吸引了更多风险资本来到硅谷。在美国有 600 多家风险投资公司，其中有一半都在硅谷。更多的风险投资家看中了硅谷这块新兴产业和拥有无穷想象力的公司聚集的地方，在这里只需承担较小的风险，而更容易出现惊人的奇迹。所以，当技术和创新凝聚的时候，资本，也会不请自来。

经验表明，一个新企业的成功，往往需要 3 倍于其计划的时间和 2 倍于其计划的资金。

创业资金的来源。资金来源主要包括自有资本、私人投资者、风险资本、短期贷款、内部产生的现金流和收益。

根据全球创业观察 2002 年统计数据，创业者最可能争取的投资者，一般是他的家人、亲属。所以家境的好坏确实在一定程度上决定了初始资金的来源。在另一个层面，如果创业者与风险投资有私人联系，则更容易获得投资（见表 15）。

表 15　　投资者与创业家的关系　　单位：%

类型	所有国家	美国
亲密的家庭成员	40	44
其他亲戚	11	6
工作中的同事	10	9
朋友/邻居	28	28
陌生人	9	7
其他	2	6
合计	100	100

美国 1991 年的一项相似研究显示，在调查的 110 家企业中有 77 家的启动资本不超过 5 万美元，46% 的企业初创时的种子资本不超过 1 万美元。而且，资本的主要来源是个人储蓄（74%），而不是那些拥有巨额财富的外部投资者。

这种情况可以表明，在创业初期，只能自己帮助自己，而且要以小博大，那些高级的风险投资大鳄，是不会看上初出茅庐的小角色的。这种情况下，就要运用自己的想象力和创新能力，看到别人看不到的地方，勇于承担风险，遇到困难时懂得坚持，最终，度过艰难的初创阶段，得到风险投资的认可，获得更多的资金，争取更大的发展空间。

4. 经营：集新技术的发明家和创业的企业家于一体/会经营

高新技术的发明者一般不会向企业转让其技术成果，而是自己设法创办高新技术企业，直接从事技术商品化工作。发明家不一定等同于创业家，一个是研究技术，一个是管理企业，但成功的创业者需要两种素质兼备。

创办一个公司卖掉然后再创办下一个公司，这就是创业的本质，但经营公司不比做技术，许多公司就是失败在运营上面。许多技术高手，往往就是因为不会经营，也不会请职业经理人来帮助自己打理公司，从而导致最终失败。而经营好的公司，能够购买技术，也能够邀请技术高手加盟，公司便能成长。按照这样的模式来说，会经营比做技术更为重要。经营，是一个公司能否持续成功的重要因素，技术，在公司开创局面的时候最为重要，而要持续发展，就既需要精通技术，还要做好经营。

一般来说，成功的公司都是在以上环节做得到位才得以最后成功；若以上任何一个环节出现差错，都可能导致全盘皆输。

>> 硅谷创业成功案例回顾

公司名称：美国通用无线通信有限公司

创始时间：1994 年创办于硅谷

创始人：王维嘉

王维嘉和他所创立的美通公司在全球第一个提出并开创了无线互联产

业，并将个人移动信息服务的革命性技术和产品带给了全世界。这个由华人首先确立的产业被广泛认为蕴涵着万亿美元的市场价值。同时美通掌门网也成为国内最早至今最成功的专门为无线互联接入和电子商务提供无线应用技术全面解决方案的无线网站。

1994 年 7 月 到 1999 年 3 月，IDG、Intel 等 7 家公司分多次共投资 3 000万美元。

1995 年到 1999 年 3 月，王维嘉又分三次分别从 IDG、Intel 等 7 家公司获得风险投资 700 万美元、900 万美元、1 200 万美元。

1998 年 7 月 28 日，发明了双向个人移动信息机。

成功分析：创始人以新技术吸引大公司，换取风险投资，又以资金为后盾，发展更新的科技。

雅虎

1994 年 4 月，大维费勒和杨致远以休假的方式离开他们正在攻读电子工程博士学位的斯坦福大学，随后创建雅虎。

雅虎成为一个类似电话号码簿的搜索引擎，它将全球网址分成新闻、娱乐、科学、教育等 14 个门类，然后下面再细分，使上网变成了一件容易的事情。

随着流量剧增，杨致远敏锐地发现了其中蕴藏的巨大商机，于是他们一边精心打造他们的网站，一边积极寻找潜在的投资者，以进一步地发展 Yahoo!

雅虎成功融资 100 万美元，占公司 25% 的股份。

雅虎在 Web 网上提供免费服务，利用其浏览量和页面访问次数来吸引工商企业到它的网站做广告。

1995 年 11 月 Softbank 最终买下雅虎 5% 的股份（后来又大幅度增加）。两家公司迅速成立合资的日本雅虎公司。雅虎第二轮投资的落实使其有能力扩大服务项目，并成功地应付一些不利的现实情况。

1996 年 4 月 12 日，雅虎在美国的纳斯达克市场以每股 13 美元的价格上市，发行了 260 万股，共筹集资金 3 380 万美元。

成功分析：以最具创意的服务换取风投，迅速占领市场，发展壮大，后来的许多企业，如谷歌、facebook，都是这样的方法。

虚拟网络漫游商 GRIC

创始人陈宏，1991 年获得纽约大学石溪分校计算机博士学位。

1991 年创建一个咨询公司，起名为“万事通”，运作了半年就宣告结束。陈宏第一次创业宣告失败。

1994 年，创办网络服务供应商（ISP） Aimnet，并得到风险投资 200 万美元。

1997 年，以 1 000 万美元的价格将 Aimnet 卖掉。

随后创建 GRIC（Global Reach Internet Connection)，其主营方向是致力于在全球各地实现互联网的方便接入。此前 GRIC 在互联网接入方面曾与联通 165 和 Tom. Com 都建立了合作，但 GRIC 一直都扮演着幕后英雄的角色，从幕后走到台前，这还是 GRIC 的第一次。GRIC 业务的实质就是，通过与世界各地的 ISP 及电信运营商达成协议，允许漫游到当地的消费者以不高于当地的价格接入互联网，而最后只需与国内的 ISP 结算费用即可。与 GRIC 有协议关系的这些企业构成了“GRIC 联盟网络”。

1999 年 12 月，GRIC 登陆纳斯达克。

2003 年 2 月，陈宏辞去 GRIC 的 CEO 仅保留董事长一职。

2003 年 4 月，汉能投资集团同时在美国加州和北京注册成立，专门提供高科技领域的融资收购顾问服务，在国内创办了中国人自己的投资银行。

成功分析：创始人三次创业，每次都在公司发展遇到瓶颈时果断选择新的领域。

WebEx

1990年，朱敏创办了Future Labs软件公司，1996年以1 300万美元的价格出售，1996年再次创办了专注视频产品的软件公司WebEx。

新兴的数字通信标准（譬如ISDN和交换式数字服务）带动了视频会议的发展，这一市场开始起飞。用户对能够实现融合实时视频和音频的扩展学习、专题活动和多媒体演示感到惊喜——省去了传统会议的时间和开支。

WebEx努力克服当时市售用户会议软件的共同障碍。大多数用户感到，如果无法将这些应用程序定制为满足其业务需求的有效解决方案，将很麻烦。另外，视频会议倾向于突出人及其脸部，而他们试图表达的信息则被降至次要角色。结果售出了大量会议软件，但是用户寥寥。

WebEx白手起家，利用因特网技术设计隐藏所有复杂的协作解决方案。当选择WebEx时，无须为端口、平台、版本、防火墙甚至因特网忧虑。举行有效的在线会议只需一个浏览器和一部电话。WebEx很早便在商用网络会议市场脱颖而出，并将遥遥领先之势保持至今，其制胜法宝是提供与面对面会议相同的自发性和交互性的强大解决方案。

上市之前曾经分两次融了2 700万美元，资金充裕。

WebEx直接竞争的是微软的网络会议（Netmeeting），微软提供的产品需要200万~300万美元/年的维护费用，WebEx以100万美元囊括所有服务的价格吸引客户。

WebEx公司于2000年7月在纳斯达克成功上市。

微软在2002年停止了网络会议业务。

2007年，创始人将WebEx以32亿美元的价格卖给了思科。

成功分析：创始人对产品与市场有很好的把握，并及时得到融资得以最后占领市场。

NetScreen

创业者：邓锋

1986 年，邓锋毕业于清华大学电子工程系。早在读本科时，邓锋就通过提供科技咨询勤工俭学。

1987 年，邓锋在校园里租了 3 间房，成立了一个实验室，承接各种项目，比如电脑照相等。

1997，邓锋（34 岁）辞去了在美国硅谷英特尔的工作，创建 NetScreen。创业资本 3 万美元。NetScreen 公司定位于以硬件的方式提高网络安全，NetScreen 防火墙是一种高性能的硬件防火墙，与其他的硬件防火墙相比有本质的区别。其他的硬件防火墙实际上是运行在 PC 平台上的一个软件防火墙，而 NetScreen 防火墙则是由 ASIC 芯片来执行防火墙的策略和数据加解密，因此速度比其他防火墙要快得多。从软件特性上看 NetScreen 防火墙是状态检测与应用代理混合的防火墙，是监测整个通讯状态，如果发现通讯状态不正常便拒绝进入受保护的内部网络，对于 FTP 或 H322 等通讯状态不好跟踪的服务，NetScreen 防火墙通过应用代理来确保服务安全。

先后从天使投资者和风险投资那里获得了 8 800 万美元的资金。

2004 年 2 月，NetScreen 公司被美国第二大网络设备制造商瞻博网络（Juniper Networks）公司以 40 亿美元收购。

2001 年 12 月 11 日，NetScreen 公司在纳斯达克上市。

成功分析：创始人具有早期的创业经历，行业经验丰富并获得大笔融资。

Hotmail

创始人是沙比尔·巴蒂亚（Sabeer Bhatia）和杰克·史密斯（Jack Smith），斯坦福的毕业生。

创始人杰克·史密斯想出了最初的主意，要建立一种任何计算机都可以通过 Web 访问的电子邮件服务。当沙比尔·巴蒂亚起草商业计划书的时候，他尝试了各种以 mail 结尾的名字，最后，他选择了 Hotmail。因为 Hotmail 包含了“html”——编写网页的语言。

即时电子邮件基于网页的模式与技术创新。基于网页的电子邮件不受地域限制，随时可以使用。

印度的用户占 Hotmail 客户的 1/4。

风险投资公司给了 30 万美元的启动资金。

1997 年 12 月 31 日，微软公司完成了与成立不足两年、员工仅有 26 人、主导业务仅为提供免费邮件业务的小公司 Hotmail 公司的并购事宜。在谈判过程中，微软公司董事长盖茨亲自出马，与 Hotmail 公司年轻的创始人进行面对面的并购谈判，由此也创造了一个关于风险投资与企业购并领域的经典案例。而微软公司也正是借助于 Hotmail 所带来的注册用户和迅猛增长的业务，使自己旗下的网站一跃成为全球注册用户最多和访问量最大的三大网站之一。Hotmail 成功后出售给微软，价值超过 1 亿美元。

成功分析：高新技术的创新以及创意的结合，获得风投后，吸引了更大的企业。

优酷网

创始人古永锵曾经是搜狐的总裁兼首席运营官，后来他选择了离职，重新回到国内互联网界，2006 年 6 月 21 日，推出视频网站优酷。

他将自己发起筹集的 300 万美元投入创办视频网站优酷。与传统网站主要以文字和图片作为传播内容不同，优酷专门以视频作为自己的传播内容。用户可以将自己的视频收藏和视频作品上传到这个平台上，与他人分享，也可以浏览其他用户上传的视频内容。优酷的工作人员每天 24 小时不间断地对这些短到几十秒钟，长到十几分钟的视频作品进行审核和推送。2007 年 12 月，知名调研机构尼尔森公司公布优酷网日视频播放量率先突破1亿，每日独立访问用户数量超过1 200万人。

视频网站具体的盈利模式还不十分清晰，目前只能依靠广告收入，所以人气是否足够高是网站存活的关键。

所以从理解行业本质的角度来讲，一切的目标都是为了短期内扩大人气，优酷网以“快者为王”为产品理念，注重用户体验，其卓尔不群的“快速播放，快速发布，快速搜索”的产品特性，充分满足了用户日益增长的多元化互动需求。

2007年，优酷网首次提出“拍客无处不在”，倡导“谁都可以做拍客”，引发全民狂拍的拍客文化风潮，反响强烈。经过多次拍客视频主题接力、拍客训练营等活动，优酷网现已成为互联网拍客聚集的阵营。

客户体验也做得非常不错，优酷注重利用多纬度的TOP排名、频道分类索引、标签、个人发起擂台、视频俱乐部等有效手段，兼顾技术搜索功能与人气推荐手段，最大化发挥C2C内容聚合与推荐的力量，帮助用户迅速找到喜好的视频和感兴趣的社区，让用户“看得爽、找得快、传得广、比得酷”。

到2007年11月，优酷网共计完成4 000万美元的风险融资，这批融资来自4家投资机构，为后续发展铺平了道路。

2010年12月8日，优酷网成功在纽约证券交易所正式挂牌上市。

成功分析：创始人是典型的业内高管创业，他利用其十几年职业生涯积累起来的强大资源，包括人脉、资金，使优酷获得了迅速发展，一年之间便成为国内视频网站的代表，这种创业的速度是一般人无可匹及的。当行业排名领先后，融资顺利进行，一环扣一环。

安博教育

创始人黄劲，1994年获得电子科技大学和美国加州大学伯克利分校联合培养博士学位。1992年进入硅谷工业界，是美国AVANT公司创始工程师之一，历任公司主任工程师、高级技术主管等职。1997年在美国硅谷创立安博公司。1999年回国创业，在北京中关村望京科技园成立北京安博软件工程有限公司，在苏州新区留学人员创业园内注册了苏州安博软件有限公司，主要从事远程教育软件开发工作。

创业者看到了远程教育的市场，在美国等西方发达国家，远程教育已经发展了十几年，在很多方面发挥了重要作用。而相比之下远程教育之于中国更为迫切，由于地域之间的差异非常明显，无论在经济还是在知识传播方面都存在着极大的不均衡，很难实现每个人都有均等的受教育的机会。利用有限的教育资源，让每个人都有平等的机会接受教育，远程教育无疑是既经济又有效的解决方式。另外，对企业而言，这里存在着广阔的发展空间。

安博软件公司在经营上也利用总部在硅谷的优势，承接国外订单，把国外的管理模式和软件设计规范应用到具体项目当中，以实现教育资源的共享、教育的个性化、教育的交互式，在国内率先提出了构筑开放式现代网络教育平台的理念，随后又相继推出了网络教育平台产品。

国内缺乏与国际接轨的系统、规范、工程化地培养软件人才体系。软件产业的快速、健康发展必须以人才教育和培训为起点。传统教育体制下培养出来的软件硕士更重理论课程，缺少与国际规范接轨的高级编程人员。

安博教育服务业务以重点解决升学和就业两大关键需求为目标，为各个阶段学习者提供高效的个性化学习服务。目前，安博教育集团的业务涉及基础教育服务、职业教育服务、企业培训等领域，安博高考与同步培训机构、安博国际学校、安博实训基地、安博职业教育学院、安博学习体验中心等机构已遍及全国20多个重点城市，形成了以区域教育服务中心和实训基地为依托，以师资、课程、服务流程、IT支持、网络学习服务的标准化为载体的服务体系。

2007年、2008年，安博教育集团分别获投资5 400万美元和1.03亿美元，连续创造我国教育私募融资之最。

2010 年 8 月 5 日，安博教育集团（股票代码：AMBO）在纽约证券交易所挂牌上市。

成功分析：这是比较成功的借鉴国外的私立教育发展模式，发现国内的行业机会，主要针对解决升学和就业，从就业的角度，提供系统化培训，与国际接轨就是必经之路。创业的思路很明确，在回国前就已经有创业经验等都是创业成功的原因。

思科公司

创始人 20 世纪 80 年代在斯坦福大学计算机系做工程师。

思科公司向客户提供端到端的网络方案，使客户能够建立起自己的统一信息基础设施或者与其他网络相连。思科于 1984 年由斯坦福大学的一对教授夫妇创立，用信用卡上的 1 万美元透支开始创业，1986 年制造了第一台网络联接的路由器。

思科 1990 年在纳斯达克上市，1993 年建成了世界上第一个由 1 000 台路由器连接的网络。思科的市值最高时达到 5 800 亿美元，一度是全球最有价值的公司。

成功分析：具有广阔前景的技术发明，成为了某个行业的缔造者。

当当网

当当网由李国庆和俞渝夫妻俩创立于 1999 年，在中国的 B2C 电子商务领域，当当网是不得不提的一个企业，改变了很多当代中国人的买书模式。从创办至今，当当网已经超越了西单图书大厦、三联书店等多个传统的书店，在线销售的商品包括了家居百货、化妆品、数码、图书、音像等几十个大类，在库图书超过 40 万种。

创始人李国庆毕业于北京大学社会学系，毕业后在国务院发展研究中心和中共中央书记处农村政策研究室工作了几年。1993 年，李国庆联合北京大学、社科院、农业部等单位创办了北京科文经贸总公司，自任总经理，这一经历使得他对国内图书行业的各个环节有了相当多的了解。1996年，李国庆在美国认识了俞渝，3 个月后两人结婚。1997 年俞渝随丈夫李国庆回到国内，并帮助李国庆处理图书出版业务。

1999 年，从事图书出版业务的李国庆夫妇看到了国内图书零售市场存在的诸多不便，借鉴了亚马逊的线上模式，当当网正式成立。

由于俞渝在美国期间从事企业兼并财务顾问工作，与投资银行和风险投资有着密切的联系，当当网在创始之初便获得了三家国外风险投资机构的投资。

2000 年，中国最多的时候网上大大小小的书店多达两三百家，2001 年美国互联网泡沫破灭，国内互联网风险投资也随之进入低谷，大浪淘沙之后当当网成为国内仅存的几家知名的网上书店之一。互联网低潮并没有阻止当当网继续发展，相反，由于互联网泡沫破灭，大量盲目扩张的网上书店失去资金支持而倒闭，反而给以稳定发展为主的当当网带来更多的消费者。2003 年，当当网宣布营业额达到 8 000 万元人民币，确立了国内网上书店的龙头地位。

2004 年，李国庆和俞渝作出了决定当当网命运的两个关键性决定。第一个是 2004 年 2 月，当当网出让 17.5% 的股份获得老虎科技基金 1 100 万美元投资，原有的部分股东变现，而俞渝和李国庆的股份上升到超过 50%，成功拿回了公司的控制权。2004 年 7 月，当当网拒绝了亚马逊 1.5 亿美元的收购邀约，选择独自发展之路，而亚马逊最后则选择了以 7 500 万美元收购卓越网。控制权的收回和老虎基金的新增资金使得当当网在后续的发展中能够更加按照创业团队的意志进行，从而避免了创业团队与风险投资的反复冲突而影响企业正常的运作。

2006 年，当当网宣布完成了 2 700 万美元的融资，市场预测当时当当网的估值已经达到 2.7 亿美元。

2010 年 12 月，当当网在美国纽约交易所上市，募集资金约 2.72 亿美元，以开盘价 24.5 美元计算，市值达到 19.08 亿美元。当当网创始人李国庆和俞渝持股达到43.8%。

成功分析：成功贵在坚持，当当网从1999年创立到2010年上市，整整花了11年时间，相比大部分互联网公司而言，这个时间是偏长的。其间有人戏称它为“搬运工”——将书从一个地方搬到另一个地方。此外，处理好创业团队与风险投资的关系已经是许多创业企业不得不面临的问题，风险投资是水，“水能载舟，亦能覆舟”，关键时刻成功收回控制权也是创业企业必须选择的道路。

归国留学人员成功案例

加拿大太阳能公司

创始人学历。瞿晓铧，1986年7月毕业并获得清华大学物理学学士学位，其后即赴加拿大留学进一步深造，并先后于1990年获得加拿大曼尼托巴大学固体物理学硕士学位，1995年获得多伦多大学半导体材料科学博士学位。

技术+经验。他作为博士后研究员在多伦多大学从事半导体光学设备和太阳能电池的研究，参与筹建Spheral Solar TM Technology开发项目并取得该项目最重要的研究成果。1997年当加拿大的ATS公司从安大略省电力公司收购Spheral Solar TM后，他也随之加盟ATS公司，并作为ATS公司六人管理团队的成员被派往法国Photowatt公司工作。同时他还负责加拿大联邦气候变化行动基金（CCAF）和加拿大自然资源部资助的太阳能技术进步项目，以及由加拿大国际开发署（CIDA）资助的中国光伏技术转让项目。

项目运营：2001年11月，瞿晓铧带着先进的光伏技术和设备回国创业，在江苏常熟市建起了第一家公司——阿特斯光伏电子（常熟）有限公司。公司终于在2002年3月初制造出第一件合格产品，大众对样品的质量非常满意，瞿晓铧获准批量生产。

2006 年 11 月，CSI 阿特斯在美国纳斯达克上市，成为国内首家太阳能光伏企业在美国上市的公司。

成功分析：比较尖端的技术 + 长期的业内实践，作为生产企业，产品生产与订单衔接较好，保证了现金流。

他们创业成功的奥秘

毋庸置疑，创业者的个人综合素质直接影响创业活动。综合素质包括如基因、身体体质等无法改变的先天因素以及学历、社会影响、个人追求、性格特点等后天形成的素质。

穷且益坚，不坠青云之志

他们出生于普通家庭，甚至家境清寒，但穷且益坚，不坠青云之志；

他们往往有置之死地而后生的经历；

他们通过坚韧、执著的自我探索式创业，开拓了一片新天地。

代表人物如表 16 所示。

表 16　　创业案例

企业名称	创业成功者姓名	创业历程简介
华普智通	蒯英海	蒯英海靠卖软件、修电器、做电路板等赚到第一桶金，1987 年 5 月创办了自己的第一家企业，其业务最初主要是房地产，目前已扩展到零售业、金融、高科技、商业、服务业、农业等领域。
华夏医疗	翁国亮	1964 年，翁国亮出生于莆田市黄石镇农民家庭，在五个兄弟姐妹中排行老三。他在 1986 年开始了从商之路。从最底层做起，先后涉足十几个行业，最后凭借自己敏锐的商业触觉和超出凡人的忍耐力，终于在餐具生意上收获了自己的第一桶金。如今回想起当年的种种艰辛，翁国亮认为当时的经历虽然艰苦，但是却历练了自己，“有了那样的经历，我就不怕苦了，而且也不会怕失败”。

后起之秀，贵人相助

出类拔萃的青年才俊，同辈中的佼佼者；

伯乐慧眼识英才，一拍即合；

把握时代潮流，顺势而发。

代表人物如表 17 所示。

表 17　　创业案例

企业名称	创业成功者姓名	创业历程简介
新利软件	熊融礼　郭华强	1993 年 3 月 18 日，郭华强与香港商人熊融礼等人一起投资 10 万美元创办了新利软件公司。熊融礼任董事长，郭华强任总经理。新利公司的运作与管理工作则由郭华强担当。 熊融礼：上海音乐学院毕业，1978 年成为中国音乐家协会会员的小提琴手。眼光独到，1993 年，熊融礼在扩充医药地盘的时候，敏锐地感觉到以信息产业为主的高科技主导未来发展的趋势，在杭州注册成立了杭州新利电子有限公司。
中国生物资源	刘文建　梁立人	刘文建：创办人之一，负责研究及开发产品。其于学生时代即已取得多项本地及海外电脑比赛奖项。1992 年毕业于香港大学，持有电脑科学理学士学位。1994 年，开设软件开发公司，并与梁立人合作，于 1994 年成立九方科技控股有限公司。 梁立人：1950 年生于中国内地，曾当过红卫兵，“文革”后期偷渡到香港。其父亲是前国民党军官，他现是香港编剧，先后受聘于多个广播机构。梁立人亦是一名发明家，早年与刘文建合作，发明了快码及九方输入法，创立了九方科技控股有限公司，并为该公司主席。

近水楼台，天时地利

他们是一批技术领域的专家，理论与实践的结合体；

他们有雄心壮志，怀着把知识转化为生产力的热情；

他们依托所在高校、机关等优势资源创办企业并成功上市。

代表人物如表 18 所示。

表 18　　创业案例

企业名称	创业成功者姓名	创业历程简介
南大苏富特	谢立	江苏省信息化投资有限公司，与南京大学合作。
北大青鸟环宇	初育国	是北京大学的校属股份制企业之一，由杨芙清院士亲手建立。
博软	余允抗	依托于东北大学信息学院系统工程研究所，由著名教授汪定伟所长担任顾问。
浙大兰德	陈平	依托浙江大学的一家高科技公司，从管理层上来说与浙大有很深的渊源。
海天天线	肖良勇	1935 年生于西安，原西安电子科技大学天线工程发展中心主任、教授、硕士生导师。肖良勇说：“看到我们的天线市场被国外垄断，我觉得不能容忍，这是我们作为天线专家的一种耻辱。”1999 年，时年 64 岁的肖良勇教授从西安电子科技大学退休后，开始他人生的第二次创业，重组了由儿子创建的海天通讯设备厂。

出身名门，天生华贵

优良的基因，一流的教育，广泛的人脉，厚实的家底，不愿意碌碌无为，只希望用人生造就一番事业。

有良好家庭背景的代表人物如表 19 所示。

表 19　　创业案例

企业名称	创业成功者姓名	创业历程简介
即时科研	王凯煌	出生在中国香港，但求学阶段主要在中国台湾，大学毕业直接进入创业阶段。
众彩股份	张桂兰　陈通美（夫妻）	爱国将领张学良将军的养女，家族企业。
华彩控股	刘婷　陈城（夫妻）	亦为中国香港上市公司宝威控股有限公司主席兼董事、总经理，或有家庭背景。

继承家族企业的代表人物如表 20 所示。

表 20　　案例

企业名称	创业成功者姓名	创业历程简介
新意网集团	郭炳联	家族企业
长达科技	叶醒民	家族企业
一创科技	侯晓兵	家族企业

列夫·托尔斯泰说过：幸福的家庭都是相似的，不幸的家庭却各有各的不幸。其实做企业亦是如此，每个企业具体情况不同，很难面面俱到，成功也因人而异，无论是白手起家，还是屡遭失败，也无论是平步青云，还是出身名门，他们都有创业企业家的几个特点，就是有眼光，不甘于平凡，并且坚韧不拔，意志力超强，拥有广泛的人际关系。

他们是怎么失败的？
——创业案例失败深度分析

◎PPG：轻资产模式在进攻下失败

◎ITAT：风险投资冲动下的服装连销神话破灭

◎分贝网：草根创业者急功近利的过山车

◎亚洲互动传媒：陨落的新星

◎Blogcn：最先倒下的Web2.0旗手

◎风险投资失败案例原因剖析

随着我国经济的稳步发展，作为资本市场重要组成部分的风险投资行业，在过去的十年呈现出迅猛发展的良好态势。

中国风险投资研究院发布的2009年中国风险投资行业的调研报告显示，2009年中国风险投资行业呈现出募资规模稳步回升，人民币资金保持主流地位，投资整体规模超过外资，风险投资、股权投资支持的企业迎来了上市的高潮，上市方式、退出比例增加等发展趋势。在获得风险投资机构参股的创业板上市公司中，相关的风险投资累计增值超过10倍，巨大的财富效益带动了风险投资。

但与此同时，创业板和风险投资巨大成功的背后也难以掩饰巨大的投资风险，市场狂热的时候往往容易看到成功的一面，风险投资在取得高额回报的同时也隐藏着巨大的风险。过去十年中，无论是PPG轻资产模式典范，还是新兴Web2.0互联网模式下的博客网，都是在风险投资集体冲动下的产物，最终都回归平静，究其原因，或因“人”或因“事”，下文将作具体分析。

PPG：轻资产模式在进攻下失败

公开资料显示，PPG成立于2005年10月，业务模式是通过互联网售卖衬衫。轻资产、减少流通环节的概念，地毯式的电视、户外广告，使PPG迅速建立起了市场领导者的地位。PPG曾经在2006年第三季度获得了两家国外风险投资机构的第一轮约600万美元的联合投资，2007年4月，PPG再次获得了第二轮约上千万美元的投资，除了参与第一轮的风险投资机构追加投资之外，.还引入了另外一家美国风险投资机构。该风险投资机构是与红杉资本齐名的美国最大的风险投资基金之一。2007年底，PPG已经开始被媒体披露出一些问题，如拖欠货款、货品质量投诉等。但公开资料显示，PPG仍然在当时受到风险投资机构青睐，国内某家投资公司当时向 PPG 投资了超过 3 000 万美元的资金。根据媒体报道，这家投资机构宣称选择 PPG 是因为很看好其市场、模式及团队，并透露 PPG 已计划于 2009 年初在美国纳斯达克上市。

2008 年，在电子商务衬衫这一细分领域出现了 VANCL（凡客诚品）、优衫网、CARRIS 等几十家类似 PPG 模式的模仿者，由于市场准入门槛较低，PPG 不但不断受到各种新进竞争者的进攻，逐渐失去了市场领导地位，同时出现拖欠货款、质量问题、官司缠身、高管流散等问题。

2009 年末，曾经被市场和投资者称为“服装业的戴尔”、“轻公司的样板”的 PPG 商业神话最终还是破灭了。贴在 PPG 总部大楼墙上的法院执行裁定书显示，PPG 已经彻底关闭，PPG 总部已经人去楼空。而随后，PPG 唯一剩下可以称为“资产”的东西——注册商标“PPG”，在拍卖中无人问津。PPG 累计从上述多家知名风险投资处获得了 5 000 万美元左右的投资，彻底关门也意味着 5 000 万美元血本无归，PPG 成为近几年来中国互联网最大的失败案例。

伴随 PPG 模式兴起的模仿者之一 VANCL 的发展状况良好，轻资产的商业模式尽管没有在 PPG 上成功，但这种模式的生命力是毋庸置疑的。PPG 的失败并不是这个商业模式的失败，而是这个商业模式执行者的失败，是风险投资的失败。

ITAT：风险投资冲动下的服装连锁神话破灭

相对于 PPG 创造的轻资产的互联网新型服装贸易模式，ITAT 则在线下创造了另外一个轻资产的服装贸易模式。尽管两者的商业模式不同，但其中也有很多相同点，比如都是做服装买卖，都是商业模式的创新，都创建红极一时的品牌，都获得风险投资的疯狂追逐并获得巨额投资，以及最终都在疯狂扩张中死去。

根据公开资料，ITAT 成立于 2004 年 9 月，ITAT 的第一家会员店在深圳开业，之后以“零货款、零租金、零库存”的模式，组成合作“铁三角”：手握一系列服装商标品牌的 ITAT、生产过剩又付不起商场“进场费”的中小型服装代工厂、拥有大量闲置物业的地产商。ITAT 官方资料显示，从 2007 年初到 2008 年 5 月，ITAT 在全国 300 余个城市建立起了近 780 家门店，ITAT 门店从 240 多家扩张到 780 多家。ITAT 号称开店速度世界第一，是中国服装百货最大的连锁机构。

与此同时，ITAT 的快速扩张也迎来了国内某家风险投资机构的青睐。2006 年 11 月，由国内某领先的旅游票务网站创始人设立的风险投资公司向 ITAT 注入第一轮约 5 000 万美元的投资，分两期支付，首期 2 500 万美元。在随后的 2007 年 3 月，ITAT 完成第二轮融资，除在 2006 年向其投资的风险投资机构之外，新进的投资方还包括国际知名投资银行旗下的风险投资基金和国外某风险投资基金，三方分别出资 3 000 万美元、3 000 万美元和1 000万美元。至此，ITAT 已经累计募集了 1.2 亿美元，其中国内这家风险投资机构累计向其投入 8 000 万美元。

与投资者疯狂追捧形成巨大反差的是消费者的态度，ITAT 官方网站显示其旗下众多“国际知名品牌”有英国品牌 Telundun、意大利品牌 Piliya、法国品牌 Aomaha、美国品牌 Huilingdu 等，这些所谓的国外品牌并没有得到顾客的认同。与此同时，服装供货商积压库存的产品顾客根本看不上眼，而偏远地段的闲置物业更是鲜有人光顾。

最后终结 ITAT 疯狂的是香港联交所，根据香港联交所公开资料，2008 年 3 月 ITAT 在香港联交所的上市聆讯并未通过，联交所对其提交的材料提出质疑，认为 ITAT 业务模式缺乏可持续性。而为 ITAT 担任香港上市承销的投资银行正是由四家全球最知名的投资银行组成的承销团，随后其中两家，高盛、美林等投资银行相继宣布终止与 ITAT 的合作，由此引发 ITAT 地震：裁员、关店、拖欠工资、拖欠货款。随着 2009 年 8 月山东如意集团放弃与 ITAT 的重组计划，ITAT 的最后一根救命稻草也落空了。

ITAT疯狂的背后实际隐藏着两层含义，一方面是最为投资者称道的所谓的“铁三角”模式，即服装生产商—ITAT集团—商业地产商，三者以销售分成的模式组成一个利益共同体，这被认为是对传统服装销售模式的最大创新。根据ITAT公布的资料，这种利益共同体中销售分成比例大概为“服装生产商∶ITAT集团∶商业地产商 = 60∶25∶15”。生产商承担生产领域风险，主要是库存；ITAI集团负责销售运营的管理，主要承担推广费用及人员工资等；而商业地产商则承担机会成本。这就是其所谓的轻资产的创新商业模式。渠道连锁被盲目崇拜，企业并不关心产品、市场和消费者，最终也将被市场否定。

另外一方面在风险投资疯狂追逐之下，没有良性盈利模式支撑的疯狂扩张最后只能变成一场“击鼓传花”的资本游戏，而最终寄希望于通过击鼓传花方式借由资本市场实现资本自救也最终落空，即使背靠四大国际投资银行也于事无补，最终作鸟兽散。ITAT的案例是“皇帝的新装”的现代翻版。

》 分贝网：草根创业者急功近利的过山车

公开资料显示，分贝网成立于2003年，是国内最早从事互联网音乐娱乐的网站。其创始人曾是“80后”创业成功的典型人物，是互联网财富神话中为数不多的草根创业者，从一个毫不起眼的电脑城打工仔转眼间就变成IT娱乐行业第一人和“80后”创业成功的典范。同时，仅仅5个年头之后，他又因为非法经营被刑事诉讼，面临牢狱之灾，短暂的财富神话就此破灭，着实坐了一回过山车。

公开资料显示，2003年6月，分贝网创始人和朋友一起创建了163888网站。创业之初，网站员工只有三四个人。随后，他们开发K8录歌软件，163888逐渐成了中国首屈一指的网络歌手聚集地。香香、杨臣刚等网络歌手在他们的网站成功推出，《老鼠爱大米》等网络歌曲风靡一时，让

163888 网站一举成名，号称“华人第一音乐社区”。

此后，分贝网创始人逐渐进入风险投资的视野，并多次获得知名风险投资的注资。公开资料显示，2004 年 10 月，国际知名风险投资机构向分贝网投资 200 万美元，占其 20% 的股权，该机构曾经投资了众多国内知名互联网公司，包括携程、百度、搜狐、腾讯、金蝶、如家、好耶、网龙、搜房等。到 2006 年，网站注册用户达到 1 200 万人。同年，163888 获得了国际著名通讯设备制造商旗下风险投资基金的 600 万美元投资，占 12% 的股权，网站估值达到 5 000 万美元。年仅 24 岁的分贝网创始人曾以“80 后”创业领军人物的姿态做客央视《财富故事会》，讲述自己的财富故事。

2007 年 6 月，网站启用分贝网（fenbei. com）新域名，但网站的盈利模式没有任何根本转变，分贝网的主要收入来源仍然为广告收入，通过出售空间和收取会员费获取盈利，这种模式渐渐难以为继。

根据湖北公安局的官方信息，2009 年 1 月 5 日，湖北荆州警方宣布破获了一起特大网络组织淫秽表演案件，抓获嫌疑人 20 人，分贝网创始人涉嫌经营色情视频聊天业务被捕。2010 年 1 月 6 日分贝网宣布暂时关闭，2010 年 1 月底，分贝网创始人在荆州市荆州区人民法院受审并当庭认罪。

一位创业风云人物会走上犯罪的道路，实在让人匪夷所思，但事实上从创业者平日里点点滴滴也可窥见一斑。根据媒体报道，分贝网北京分公司一位职业经理人在与分贝网创始人合作仅两个月后就离任，他面对媒体的访问隐晦地表达了分贝网创始人刚愎自用、不培养团队、不看重思想、不注重章法等问题。

同时，分贝网盈利模式不明朗以及业务不断走下坡路也是分贝网面临的困难，最后分贝网选择铤而走险通过不法活动来获取财富的方式反映出年轻创业者创业普遍面临的问题——缺乏耐心和急功近利。

我们可以看到，一个公司的创始人的素质何其重要，有些企业家，可能拥有天才非凡的创意，但是抵制不住诱惑，承受不了失败的压力，最终，导致企业全盘皆输，甚至本人沦为犯罪分子。在互联网这种变幻莫测的创业世界中，初始的成功并不代表能够持续成功，只有不断地寻找、创新，才能立于不败之地。故步自封，永远是互联网企业的大敌。

亚洲互动传媒：陨落的新星

根据公开资料，2002 年，亚洲互动传媒创始人创办了北京宽视网络技术有限公司，从事电视节目指南（TVPG）业务。2004 年 7 月，亚洲互动传媒在英属百慕大群岛设立亚洲互动传媒，控股宽视网络。亚洲互动传媒自称是“中国提供跨媒体平台电视节目指南解决方案的领导者”，其销售收入以电视广告代理业务为主，以电视节目指南（TVPG）和电子节目指南（EPG）为辅。

公开资料显示，2005 年 10 月，亚洲互动传媒获得国际知名风险投资机构的青睐，该机构始创于 1972 年，曾投资了苹果电脑、思科、甲骨文、雅虎和谷歌等一批著名科技公司。此后，亚洲互动传媒先后吸纳了包括日本著名证券公司、日本最大的广告公司、日本知名移动通讯公司、日本最大的卫星通信公司、日本知名综合商社等日本众多金融机构和广告公司以及美国知名投资银行的投资。2007 年 4 月，亚洲传媒在东京证券交易所上市。

通常对风险投资机构而言，IPO 是最主要的投资退出渠道，理论上讲企业上市就意味着其投资该到收获的时候，然而亚洲互动传媒是个例外。根据上市公司公开资料，亚洲互动传媒的会计师事务所拒绝为其 2007 年年报出具审计意见，并暴露出该公司涉嫌挪用公司资产，成为亚洲互动传媒退市事件的导火索。报告显示，亚洲互动传媒创始人 CEO 在未获得公司董事会同意的情况下，用宽视网络在中国银行的 1.069 亿元人民币定期存款为第三方企业北京海豚科技发展公司的债务作担保，后者从银行贷款 1.03 亿元人民币，并有 1 800 万元已用于偿还海豚科技部分贷款，而剩余资金或将无法收回。

根据东京交易所公开资料，亚洲互动传媒有限公司在2008年9月20日退市，亚洲互动传媒的退市，让11家财务投资者同时失手，失去了退出平台。红杉资本作为该公司的第二大股东，仍持有其9.19%的股份，仅在2008年5月卖出了1.34%的股份，而其他10家股东都没有股权转让的历史记录。

亚洲互动传媒的退市暴露出风险投资中的两个问题：

首先是投资以后的监管，无论是被投资公司上市前还是上市后，公司任何重大决策和资金运作都需要获得董事会的批准，而在亚洲互动传媒的案例中，上市公司CEO竟然在未经股东批准的情况下随便支配大额资金，这种后果是难以想象的。

其次是中国目前的法律和制度存在诸多漏洞，甚至法律和制度本身都没有给违法者准备具有足够威慑力和惩罚性的措施，被投资企业在很多情况下难受制约。中国有很多法律真空地带，市场又高度信息不对称，人的素质品质就尤为重要。

作为一家初始创业成功的公司，亚洲互动传媒无疑是一家明星企业，它的理念和创新，吸引了很多风险投资公司的青睐，同时也使得公司的创始人目无法律。绝对的信任导致的是绝对的失败，随意挪用公款，最终导致了一系列的连锁反应，风险投资公司损伤不少，也是始料未及。创业成功要天时、地利、人和，缺一不可，而企业的失败，往往只需要一点漏洞。

Blogcn：最先倒下的Web 2.0旗手

根据公开资料，博客中国（博客网的前身）成立于2002年，由方兴东一手创办，并在此后的3年内用户数量保持持续增长，于2004年获得国内著名网络游戏创始人和著名风险投资基金合伙人联合的50万美元天使投资。2005年，博客中国从3家国际知名风险投资机构手中获得了1 000万美元的融资，随后公司迅速从数十人扩张到300多人，“博客中国”更名为“博客网”，并宣称要做博客式门户，号称“全球最大中文博客网站”。

实际上，2005年对中国互联网来说是一个特殊的年份，2005年曾经被媒体称为互联网创业第一代的结尾，百度的上市为中国互联网创业第一代画了一个句号。在百度之前，腾讯、携程、盛大、九城以及三大门户网站全部完成了纳斯达克上市，中国互联网 Web 1.0 的时代结束，开始进入 Web 2.0 新纪元。而博客中国就是在这样的背景下诞生的，2005年是第二次归国创业的高潮期，杨勃创办豆瓣网，王微创办土豆网，梁钧创办56.com，古永锵创办优酷，姚欣创办 PPLive，吕欣欣创办 Feedsky，庞升东创办51.com，杨浩涌创办赶集网，高燃创办 MySee，陈华、吴世春创办酷讯网，王兴创办校内网……

在获得充足现金的情况下，方兴东的博客中国进行了急速的扩张，根据公开资料，博客中国还同时开发视频、游戏、购物、社交等众多项目，员工数量在短短半年左右的时间里增加数倍，从融资前的三四十人发展到三四百人。根据笔者简单计算，如果按照300人的规模，人均人力资本开支按照每年6万元计算，博客中国一年就要花费至少1 800万元人民币。在没有明确盈利模式的前提下进行超常规扩张，导致经营成本迅速上升，远远超过收入的增长速度。不久之后，媒体便报道了博客中国出现现金流问题，获得的风险投资被消耗完毕。

此后，2006年3月底，方兴东卸任博客网CEO一职，只保留董事长的职务，博客网的CEO职务由新组建的管理委员会接替。公开资料显示，2006年10月，博客网宣布所有员工可以自由离职，也可以留下，但均没有工资。年底，博客网的员工已经缩减到融资当初的40多个人。至此，博客网又回到了2005年的起点，但此时博客网已经物是人非，博客2.0的投资热潮也至此结束。

在博客中国的案例中，我们再一次看到创业企业获得风险投资后的疯狂扩张，随后面临的现金流消耗殆尽，企业收入增长难敌巨额开支，最后连员工工资都无法支付的一幕。作为引领互联网 Web 2.0 的先驱，方兴东是一个称职的“旗手”、“呐喊者”，但绝非熟谙管理和战略的商业领袖，千万美元的资金已经完全超出其能掌控的范围。

除此之外，博客网的盈利模式是最大的短板，网站无法形成有效的市场壁垒，而新浪、搜狐门户网站等后来者能在很短时间内进行模仿，博客类功能几乎成为任何一个门户网站的标准功能。

这件事情证明，互联网创业企业一定要有自己的技术优势，否则就算是能够成功地最先占领市场，如果没有技术壁垒来封锁其他网络大鳄对自己的模仿的话，用户们很快就会被其他网站分流，失败也无可避免。创新固然是好，但如何能持续创新，保持不败之地，更为重要，风险投资下的疯狂扩张和面面俱到绝非取胜之道。

>> 风险投资失败案例原因剖析

1. 过度扩张导致资金链断裂，财务危机使企业四分五裂

无论是 PPG，还是 ITAT，乃至博客中国，这些企业共同的特点都是在获得风险投资之后进行了疯狂的扩张，扩张的手段包括员工人数的增加、企业营业面积的增加或者是市场营销的增加。在迅猛扩张的背后，最初的繁荣中隐藏着管理、财务、成本等多重隐患，这些隐患在现金流充裕的时期不会显示出来，一旦现金流告急，企业运作马上就会出现危机。而这种扩张随即变成一种资本游戏，只要有新增的资金进入，仍然可以保持不断扩张的态势，经营业绩也连续创新高，但只有通过对企业流动性指标的细致分析才能找到背后的危险。实际上，放到具体的案例中来看，这种虚假

繁荣仍然能够使不少风险投资机构心甘情愿地加入进去。资本泡沫不断上涨，总有一天泡沫会爆裂开来，及时脱身的风险投资能赚一笔，最后找不到下家的风险投资则会追悔莫及。

企业扩张必须要有一个基本的前提，任何扩张的行为，无论是增加员工数量，还是经营面积，伴随这些扩张所增加的企业经营成本/现金流支出应该是企业经营效率的提高、经营收入的增加、企业经营成本的降低或者盈利增加。健康的扩张应当满足边际收入大于边际成本的基本条件，也就是说任何多投入的一元都应当产生比之前高的回报。投入太多，规模太大，超出了市场容量和管理能力范围，最终会贻害自身。

而不计成本的疯狂扩张之后只有两种结局：一种是财务层面的，即企业现金流问题，如果没有更多风险资本追加，企业的资金链就会断裂；另一种是经营层面的，如果没有足够的资金支付持续经营所需的资金需求，则会拖欠供应商货款、拖欠员工工资等。资金链断裂的案例历史上出现过无数次，包括德隆集团及三九集团的倒闭，原因都是因为资金链断裂，导致企业经营失败。所谓资金链是指维系企业正常生产经营运转所需要的基本循环资金链条。现金—资产—现金（增值）的循环，是企业经营的过程，企业要维持运转，就必须保持这个循环的良性运转。一旦这种良性循环终止，企业也就随之死亡。

2. 创始团队缺乏企业运作管理经验，混淆经营和爱好的区别

创始人缺少必要的经营企业的经验，许多人尽管在政府研究机构、大专院校或者大中型企业工作过，但是本身却没有创办经营企业的经历。特别是在互联网时代，许多创业者都是大学刚刚毕业，或者是海外留学归国，资本的大量介入让创业者最终失去了对目标的把控。

创业团队缺乏企业运作经验反映在两个方面：

一方面是缺乏对大资金的掌控能力。特别是当前“80 后”的创业者，能够在千万元投资面前坐怀不乱本身已属不易。对创业企业而言，能够获

得风险投资已经属于极大的成功。但商业模式的成功、用户数的成功并不等于企业的成功。企业经营的目的是盈利，而风险投资的目的是退出，创业者只有让企业盈利才能保证风险投资的目标。而现实中，获得巨额风险投资的创业者往往会失去方向，面对现阶段的成功沾沾自喜，最终落得的只有失败。

另一方面是缺乏团队管理经验。创业者创业初期的团队规模通常都在几十人左右，而急剧扩张之后的企业规模通常超过百人，没有经验丰富的职业经理人参与管理的企业内部将会是一片混乱。此外，内部管理还体现在管理团队变动过于频繁上面，合理的管理团队应当是各司其职，协同作战。有些创业者不仅缺乏管理经验，而且也没有合理地进行管理授权，导致在企业管理上难以形成共同的理念，最终出现分歧，导致企业管理团队频繁变动。

3. 创始人缺乏企业家精神或者缺乏诚信品质

诚信是企业家精神的基石，诚信是创业者的立身之本，创业者在修炼创业精神的所有原则中，诚信是绝对不能妥协的原则。诺贝尔经济学奖得主弗利曼曾明确指出："企业家只有一个责任，就是在遵守游戏规则下，运用生产资源从事获取利润的活动。亦即须从事公开和自由的竞争，不能有欺瞒和诈欺。"

创业允许失败，但是不容许欺骗。而在笔者的失败案例中，由于创业者诚信品质问题引发的失败案例多达四个。创始人的人品问题成为风险投资考察创业企业管理团队素质最重要的品质之一，同时也是最难的一项。风险投资行业里有句名言："风险投资成功的第一要素是人，第二要素是人，第三要素还是人。"此话足以证明风险投资家对创业者个人素质的关注程度。在他们看来，创业项目、商业计划、企业模式等都可适时而变，唯有创业者品质难以在短时间内改变。不守"诚信"，或可"赢一时之利"，但必然"失长久之利"。

4. 没有明确的商业模式，行业准入门槛低，导致竞争激烈

寻找明确的商业模式是每个创业企业需要时时刻刻思考的问题，因为风险投资不是免费的午餐，钱总有烧完的那一天。如果企业总是依靠外来的输血，而没有自身的造血功能，一旦出现“血荒”，企业就会成为“僵尸”。实际上，笔者提供的案例中，分贝网和博客中国的失败就是由于没有明确的商业模式而导致的。

在没有明确商业模式的创业案例中，通常的结果是企业自然死亡，即消耗完最后一分风险投资后关门大吉，而像分贝网这样铤而走险的案例是特例。商业模式的判断本身应当也是风险投资对项目进行评估的因素，而企业家诚信和品质问题很难进行量化控制。或者说在这些为数不多的“成功”企业面前，很难再去过多考虑本身就很难评估的企业家的品质问题。

国内风险投资的发展史

◎风险投资发展起走阶段

◎风险投资发展加速阶段

◎风险投资发展进入新局面

风险投资发展起步阶段

1985年3月，《中共中央关于科学技术体制改革的决定》提出“对于变化迅速、风险较大的高技术开发工作，可以设立创业投资给以支持”。这是中国首次提出以风险投资的方式支持高科技产业的发展，是中国风险投资行业第一份政府明文支持的政策依据。

1986年，国务院正式批准成立了中国第一家政府性质风险投资公司——中国新技术创业投资公司，通过投资、贷款、租赁、财务担保和咨询等方式为高新技术风险企业发展提供资金支持。

1987年，以促进高新技术成果的商业化、产业化为目的的高新技术企业孵化器——创业中心，开始在全国各地陆续设立。最早设立的是1987年的武汉创业中心、1989年的成都创业中心等，创业中心是风险投资在中国创业投资行业的摸索形式，初步确立了成功的风险投资机构运作模式。

1988年5月，国务院正式批准建立北京新技术产业开发试验区，我国第一个高新技术产业开发区诞生。同年8月，国家高新技术产业化发展计划——火炬计划开始实施，其中设立高新技术产业开发区和高新技术创业服务中心被明确列为火炬计划的重要内容，各地根据当地特点和条件创办高新技术产业开发区正是在火炬计划的推动下实施的。

1991年国务院在《国家高新技术产业开发区若干政策的暂行规定》中指出：“有关部门可在高新技术产业开发区建立风险投资基金，用于风险较大的高新技术产业开发。条件比较成熟的高新技术开发区，可创办风险投资公司。”这条规定标志着以开发区为主体的政府性风险投资基金模式开始受到关注。

1992年，国务院批准建立52个以高新技术产业开发区为依托的国家级高科技风险投资基金，这是对《国家高新技术产业开发区若干政策的暂行规定》的进一步落实。同年，江苏省成立江苏省高新技术投资公司，政府出资1.5亿元人民币。另外，美国国际数据集团（IDG）与国家科委联合成立了美国太平洋技术风险投资基金，由双方共同管理，这是美国国际数据集团在中国设立的第一只风险投资基金。

1993 年 6 月，上海市政府批准成立上海市科技投资股份有限公司。同年浙江省科技风险投资公司成立。

1994 年 12 月，深圳市政府批准成立深圳市高新技术产业投资服务有限公司，由深圳市投资管理公司、深圳市科技局、深圳市计划局及深圳市经济发展局共同出资设立。

1996 年 5 月，《中华人民共和国促进科技成果转化法》颁布实施，这是中国首次以法律条文的形式对我国风险投资活动进行规定，其中第二十四条明确指出："国家鼓励设立科技成果转化基金或者风险基金，其资金来源由国家、地方、企业、事业单位以及其他组织或者个人提供，用于支持高投入、高风险、高产出的科技成果的转化，加速重大科技成果的产业化。"

1997 年 7 月，广东省成立广东科技风险投资有限公司，是国内首家创业基金。

1998 年 3 月，在全国政协第九届一次全会上，成思危提出《关于加快发展我国风险投资事业》的议案，该议案被列为"一号议案"，引起社会各界人士对中国风险投资事业的重视。

>> 风险投资发展加速阶段

1998 年，中国风险投资真正进入快速发展阶段，而此前风险投资资金的主要投资形式仍然沿袭政府拨款的传统机制，主要区别在于"财政拨款"变为"投资"，与真正意义上的风险投资还有一定的差距。1998 年之后的中国风险投资事业主要特点在于政府性和企业性投资共同参与的专业风险投资公司大量出现，风险投资机制逐渐规范化和企业化运作，政府鼓励政策逐步落实。中国的风险投资事业进入了新的时期。

1998 年 9 月，北京高新技术企业担保风险基金、北京科技风险投资股份有限公司、北京高新技术产业投资股份有限公司成立；同年 12 月，厦门高新技术风险投资有限公司成立。

1999 年 6 月，国家中小企业创新基金正式启动，规模为 10 亿元人民币；同年 6 月，上海科技创业投资中心成立，规模为 6 亿元人民币；同年 8 月，深圳创新科技投资有限公司成立；同年 10 月，首届中国国际高新技术成果交易会（高交会）在深圳举行，成交项目 1 030 项，成交金额达到 64. 94 亿美元。根据公开资料统计，1999 年我国 92 家风险投资公司的资金规模达到 74 亿元人民币，其中政府性出资占绝对数量。

2000 年 10 月，《深圳市创业资本投资高新技术产业暂行规定》正式颁布，这是国内首部关于创业投资的地方性法规，其创新的方面包括：降低中外投资者在深圳设立创业投资机构的门槛；允许创业投资公司全额投资；允许设立创业投资管理公司；对退出渠道做了规定。同年，深圳市成立了深圳创业投资同业工会。

2000 年 10 月，国务院法制办就证监会上报的《创业企业股票发行上市条例（草案)》，征求科技部等有关部门意见。

2001 年 3 月，北京市颁布《有限合伙管理办法》，对中关村科技园区有限合伙制风险投资机构进行规范。同年，深圳市颁布《深圳经济特区高新技术产业园区条例》，允许和鼓励内外创业资本以有限合伙制的形式在高新技术产业园区设立创业投资机构，合伙制创业投资组织形式在国内受到认可。

2003 年 1 月，外经贸部等五部委联合发布《外商投资创业投资企业管理规定》，规定外资股权投资基金和基金管理人可以申请在中国设立外商投资创业投资企业。

风险投资发展进入新局面

2006年3月，经国务院批准，由国家发展改革委、科技部、财政部等十部委联合发布的《创业投资企业管理暂行办法》正式施行，该办法共六章三十二条，包括总则、创业投资企业的设立与备案、创业投资企业的投资运作、对创业投资企业的政策扶持、对创业投资企业的监管和附则。该办法规定创业投资企业实行备案管理，接受管理部门的监管，并可享受扶植政策（引导基金扶持、税收优惠、完善退出体系）。

2006年8月，国家颁布《中华人民共和国合伙企业法》修订版，最主要的变动内容是增加了“有限合伙企业”的规定（第三章）。也就是说企业的合伙人中除了至少有一位“普通合伙人”以外，还可以有“有限合伙人”，他们以认缴的出资额为限对合伙企业债务承担责任（总则第二条）。增加“有限合伙企业”的内容主要是为使风险投资管理能够采用有限合伙企业的形式，有效发挥风险投资提高企业创新能力和加快创新产品进入市场并提高其竞争能力的作用。

2007年1月，证监会批准券商直接股权投资操作方案，三家券商正式获得批准允许进行直接股权投资试点。

2007年2月，财政部、国家税务总局联合颁布《关于促进创业投资企业发展有关税收政策的通知》，规定创业投资企业采取股权投资方式投资于未上市中小高新技术企业2年（含）以上，凡符合条件的，可按其对中小高新技术企业投资额的70%抵扣该创业投资企业的应纳税所得额。该税收鼓励措施的发布进一步促进了创业投资企业的发展。

2009年10月，深圳创业板首批28家企业上市，国内创业投资企业退出渠道进一步得到拓宽。

朋友们，创业的好时候到了

——“中国制造”向“中国创造”转变下的创业机遇

◎“中国制造”现状

◎“中国制造”路在何方？

2010年是“十一五”规划最后一年，整个“十一五”规划中，中央把增强自主创新能力作为国家战略摆在了经济社会发展的突出位置，中国的制造业也经历了一次重要的转型，在一定程度上实现了技术和品牌的提升。在最新的“十二五”规划中，中央继续将科技进步和创新作为加快转变经济发展方式的重要支撑，提出增强科技创新能力，增强原始创新、集成创新和引进消化吸收再创新能力，鼓励现代农业、装备制造、生态环保、能源资源、信息网络、新型材料、安全健康等领域进行创新和突破。同时，进一步提出激发中小企业创新活力，发挥企业家和科技领军人才在科技创新中的重要作用。“十二五”期间中国由“中国制造”向“中国创造”转变，关键体现在发展高技术含量、高附加值的新农业、新装备、新能源、新材料。创业的好机会就在我们面前，只要有能力、有想法，抓准机遇，一定能够成功创业。

“中国制造”现状

根据海关总署发布的2009年外贸数据，我国全年对外贸易进出口总值22 072.7亿美元，顺差1 960.7亿美元，同比下降34.2%。其中出口12 016.63亿美元，在出口的主要贸易伙伴中，欧盟、美国、日本分列前三位，出口的商品中，纺织服装、电子类、机电类产品占到了73%，而高新技术产品仅占23%；出口贸易中来料加工装配贸易、进料加工贸易仍占据最大比重，分别占20.51%、3.87%，但贸易额已较2008年分别下降了12.6%和15.5%。从这些数据可以看出，我国的制造业仍然停留在劳动密集型阶段，随着近年来国家调整产业政策，以消费拉动内需，转变以投资推高GDP的经济增长方式，再加上经历了2008年的金融危机，相当部分的原代工企业都在寻求转型，探求自创品牌、争取定价权的模式与“三来一补”并行发展。

“中国制造”质优价廉

中国2006年一跃成为全球第四大经济体，“罗马非一日建成”，中国的崛起和制造业的不断进步是分不开的。如今“中国制造”的商品已深入到全球的每一个角落，之所以为众人所接受，与其品质的卓越、价格的公道是分不开的。

“中国制造”的质量有目共睹，特别是在有色金属、石化行业、消费类产品等方面都达到了国际先进水平，高新技术产品的性能也明显提升。我们的研发水平和研发质量都得到了国际上的认可，许多知名品牌也由我们来代工。卫生部向世界卫生组织通报的中国食品安全情况报告中指出，截至2006年末，中国食品出口到全球200多个国家和地区，出口食品合格率均在99.0%以上。

只要能吸引客户，就容易获得成功。因“中国制造”的价廉物美，中国成为全球采购中心。截至2010年7月末，中国物流与采购联合会发布的中国制造业采购经理指数（PMI）为51.2%，非制造业指数为60.1%，自2009年3月份连续17个月保持在50%以上。其中新出口订单数为51.2%，其中金属制品业、造纸印刷及文教体育用品制造业、生活消费品和生产用制成品类等行业该指数均高于50%。通常PMI指数在50%以上，反映经济总体扩张；低于50%，反映经济衰退。这说明我们国家的经济处于高速发展的扩张期，这个时候，如果能够找到适合的项目，加入创业大军是一件很值得去尝试的事情。

在2009年《时代》周刊评选的年度人物中，中国工人作为唯一一个群体上榜，而且排名亚军。上榜的理由就是中国经济“保八”成功，千千万万的中国普通工人功不可没。如此高调评价中国工人，也是对“中国制造”的一种肯定和赞扬。

处于全球分工最底层

“中国制造”虽然融入全球价值链，但却处于价值链的底端，技术水平和附加价值高的技术密集型产业在整个经济的构成中占比低。例如，中国制造的衬衫在西方的商场里可能会卖到 100 美元到 200 美元，但真正生产这些衬衫的中国企业只能拿到 10 美元，甚至更少。

中国的纺织品是初级加工产业，是我国最具国际竞争力的产业，巨额的贸易顺差、大量的贸易摩擦都是因它而起，但是在金融危机来临之际，它却成了停产、关门、倒闭、失业首当其冲的受害者。为什么？这是因为我国的纺织业附加值低，没有形成品牌。

现在，“中国制造”面临着更大的危机。如果说过去我国还有劳动力成本偏低的优势，经过改革开放 30 多年的发展，我国的劳动力成本已经上升了许多，以至于近来已有不少跨国企业将世界车间的重任转移至劳动力更为便宜的印度和越南。我们的价格优势在国际市场上已一步步削弱。

贸易摩擦不断，前进困难重重

“中国制造”历经 30 年风雨，为中国经济的高速发展立下了汗马功劳。但是过去低成本、薄利润、高消耗、高污染的发展模式已经难以为继，特别在 2008 年金融危机后，各国为保护自己国家的经济增长，引发了新一轮的贸易保护，“中国制造”的前进道路困难重重。商务部公布的数据显示，截至 2010 年 7 月末，美国正在实施的对华贸易反倾销、反补贴案就有 104 起，而欧盟对华贸易反倾销案截至 3 月末共 149 起，涉及铜版纸、玻璃、自行车配件、节能灯、石蜡、厨具、钢板等上百种产品。2008 年，全球有 35% 的反倾销和 71% 的反补贴涉及中国，中国已连续 14 年成为遭遇反倾销调查最多、连续 3 年遭遇反补贴调查最多的世界贸易组织成员国。与此同时，各国不断出台新的贸易保护政策，对我国的外贸企业不能不说是一大挑战。这样下去，商品积压，工人下岗，形成恶性循环，“中国制造”将会陷入空前的灾难。

»“中国制造” 路在何方？

随着印度、越南的日益崛起，“中国制造”的成本优势正遭遇越来越多的挑战，如何增强“中国制造”的核心竞争力，如何在世界分工中提升“中国制造”的价值，如何保护我国的知识产权已经成为当前关注的焦点。

以低成本作为竞争优势的发展道路只会越走越窄，面对危机，日本已用历史为我们作出了验证，只有走自主创新的路才能救自己，才能根本解决在产业链中受制于人的局面。创新是从思想、观念上创新，从科研到产品每一个环节的创新，它的所有权归我们，无论在国内或国外生产，利润、技术都是我们自己的。制造业向高端发展，就是要进行技术创新，使得产品获得更高的价值。在这个高速发展的时代，故步自封只能濒临死亡。

20 世纪七八十年代，“日本制造”也曾风靡一时，曾经的雅马哈、美能达、富士通等大企业红极一时，但随后的美国几近苛刻的诉讼，使几家大公司背负巨额赔偿。后来，一些日本企业为走出困境，自主创新研发，加强知识产权的保护，深入了解美国的知识产权保护规则，几经磨炼，再次涌现出丰田、富士通、索尼等全球知名品牌。

在 2005 年我国发表的中国知识产权保护白皮书中可以看到，国家对知识产权工作日益重视，对知识产权保护力度也进一步增强。中国创造在中国企业中也逐步深入，诸如华为、方正、比亚迪等企业走出了一条自主创新之路。拿华为来说，它们并非闭门造车，更多的是在吸引全球最新技术为我所用，它们在全世界各个地方都开拓自己的市场，吸收世界上最好的技术，在开放的环境下寻找创新。在服装行业，现在我国也有很多服装品牌打入国际市场，精良的质量，加上自有品牌，产品的附加值高，利润也就更多了。同时集成创新也是一条路，比如，我国目前制造的飞机，虽然还达不到 100% 的中国制造，但是引进一些国外的先进技术整合也是一种创新的路子。海外并购正是一条吸引国外先进技术为我所用、实现中国创造的创新之路。

归来吧，成功在等你

——归国留学人员的创业环境和成功案例

◎归国留学人员创业统计

◎归国留学人员创业面临的主要问题

归国留学人员创业统计[①]

2003 年度各类出国留学人员总数为 11.73 万人，各类留学回国人员总数为 2.01 万人，比 2002 年增长 12.3%。这是改革开放以来我国年度留学回国人数首次突破 2 万人。

据人力资源和社会保障部的统计，目前已经回到国内工作的 17.28 万名"海归"，除少部分进入国家科教文化机构工作，或自己创业外，更多的回国留学生最终是到外资的研究所和外资企业服务，成为外企的高级打工者。

截至 2003 年，教育部与科技部、人事部、外国专家局共同批准 21 个国家留学人员创业园，吸引了大批回国创业的留学生。他们在国内创办的企业已有 5 000 多家，产值达 300 多亿元人民币。

这些有在国外工作学习研究经验的留学人员，了解世界，眼界开阔，他们不仅带回了高新技术，也带回了先进的管理经验以及资金，缩短了中国和先进国家的差距。截至 2003 年，全国已建各级留学人员创业园 110 家，入园企业达 6 000 多家，入园创业留学人员约 15 000 人，2003 年，技工贸总收入达 327 亿元人民币。在北京中关村科技园区，留学生企业占园区企业总数的 1/6，半数以上的归国留学人员拥有个人科技成果，其中 44% 的成果获得了专利。这些优秀人才，经过海外的历练，掌握着先进技术，并拥有国际视野，但是，他们回国创业，就真的一帆风顺吗？

归国留学人员创业面临的主要问题

1. 水土不服问题。一般来说，多年的国外学习和工作经历培养了留学生强烈的规则意识，因为在国外，商业环境相当发达，法律意识深入人

① 部分内容根据《中国人才发展报告（2010）》中有关归国留学人员部分编辑整理。

心，他们不会越雷池半步，但在国内，由于商业环境不规范，法律体系不够健全，面对商业环境中的种种“灰色渠道”，“海归”企业往往面临两种选择：要么“入乡随俗”，要么“墨守成规”。虽然创建留学人员创业园能部分解决“海归”们遇到的水土不服问题，让他们在圈子中先一步步适应，有利于帮助“海归”们实现“软着陆”，但同时，留学人员创业园本身在发展过程中也存在一些不容忽视的问题。

一是功能单调，许多创业园只考虑到硬件设施的建设，忽视了软件环境的优化；二是缺乏高素质的管理队伍；三是个别创业园在发展中甚至出现浮躁之气，能切实帮助企业解决发展中问题的还比较少，不少创业园的设施还出现大量闲置的情况。

2. 创业资金问题。吸引留学人员回国创业多靠优惠政策，但后劲不足。由于缺乏有效的投融资体系，资金问题成为创业“海归”最头痛的问题。

这些年来，为了争取人才，一些地方的高新技术开发区为归国创业者提供10万元到30万元的创业基金。但对于前期投入很大的高科技企业，这些钱只是杯水车薪，不足以支持项目的产业化发展，对于创业基本上没有什么帮助，除非“海归”能从国外为自己的创业公司带回大笔资金，否则公司很容易因资金短缺而夭折。

3. 优惠政策。优惠政策固然能够在一定时间内起一定作用，但因人才竞争日益激烈，国民待遇呼声渐高，从长远看，这些政策势必会最终取消。尤其在我国加入世界贸易组织后，更加强调公平竞争，政策优惠会逐渐减少甚至取消。

人人都是比尔·盖茨？

——大学生创业环境和成功案例

◎从全球角度看大学生创业

◎我国大学生创业统计

◎我国大学生创业优惠政策

◎我国大学生主要创业赛事

◎如何撰写创业计划书

从全球角度看大学生创业

对于刚刚走向社会的大学生来讲，创业是个美好的词汇。而且现实中不乏创业成功的例子，众所周知的盖茨、乔布斯等，都是大学创业就成功的。在巨大的就业压力之下，现在的大学教育也越来越注重大学生的创业素质教育。

1998 年世界高等教育会议通过的《21 世纪的高等教育：展望与行动世界宣言》、《高等教育改革和发展的优先行动框架》等确定了高等教育的目标之一即培养学生的创业技能与创业精神。

大学毕业生不仅仅是求职者，还将成为工作岗位的创造者。

我们简单描述一下美国与韩国的大学生创业环境，其实各国政府对大学生创业都是持非常鼓励的态度的，从缓解就业、鼓励创新方面都十分支持大学生创业。我国最近兴起的大学生创业热潮及国家的鼓励政策也是符合国际发展潮流的。大学生创业未必是找不到工作才作出的选择，比如说我们下面会提到麻省理工学院的学生每年都会创办上百个公司，他们就业是不成问题的，但还是选择创业，这与社会鼓励创新的环境和教育都是分不开的。

美国的大学生创业

1983 年得州大学奥斯汀分校举办首届大学生创业计划竞赛。

现在美国每年都要举办很多大学生创业大赛、创业计划，在有的学校称为商业计划，是让参赛大学生就某一项具有市场前景的新产品或服务撰写创业可行性报告，并由学术界和企业界名流当评委，选出优胜者。在企业界积极参与下，一些获胜的可行性报告最终能获得风险投资，在竞赛中获胜的学生日后大多都成为美国高科技企业的领军人物。

美国的大学生创业计划竞赛不是普通意义上的大学生专业比赛。它不是单纯的、个人的、某一专业的学生竞赛，而是以实际技术为背景，跨学科的优势互补的团队之间的综合较量。竞赛的意义也不局限于大学校园，从某种程度上说，创业计划竞赛是高校、社会、大学生和企业之间的一种重要的沟通与互动。

对学生个人来说，这一竞赛是他们从课堂走向商场的捷径，苹果、雅虎、网景、戴尔等一大批高科技公司都是在美国高校的创业氛围中诞生的。这一竞赛已经成为美国经济发展的重要驱动力。

1999 年麻省理工学院统计表明，1990—1999 年该学院毕业生、教师平均每年创办 150 家创新公司。这个比例是非常高的，放弃优厚的薪资去创业需要胆识和勇气。

硅谷公司中 60% ~70% 的企业是斯坦福大学的师生创办的。

20 世纪 80 年代后，美国小企业和创业者创造了 70% 以上的新就业机会和 70% 以上的新产品和服务。

韩国的大学生创业

1997 年金融危机让韩国政府意识到，保持和提高大学生风险创业意识是关系到韩国在知识经济时代保持其竞争力的关键所在，是重大战略问题。

韩国政府制定了《关于培养风险企业措施法》，政府投资组建 215 个创业支援中心，支援 864 个大学生企业。

2001 年求职网 JOB KOREA 调查显示，准备风险创业的大学毕业生占 52.4%，大学生创业具备的优势为：掌握先进技术、创新意识强烈。

韩国大学生创业政策。国家在鼓励大学生创业这个问题上扮演的角色很重要，比如说韩国政府利用 20 世纪 90 年代末亚洲金融危机以来积累的经验，试图将大学生的就业压力转化为创业动力。这种支持包括从教育上倾向鼓励创业，创立创业基金，实行税收优惠等。

在创业服务组织体系的建设方面，韩国政府有三方面的成功经验可以借鉴。

（1）设立专门的机构进行推动。中小企业厅是韩国创业支援体系的推动机构，中小企业厅下设创业支援课，构建大学生创业服务网络是创业支援课的重要职责之一。

（2）发挥大学在创业支援方面的作用。在创业教育方面，韩国将大学生到企业参加1~2个月的实习制度化；为了推动大学在高新技术产业发展中的积极作用，韩国政府在大学设立了技术转移中心；政府投资在大学设立创业支援中心。

（3）对社会化的创业支援机构进行扶持。在政府直接参与构建大学生创业服务体系的同时，韩国政府对社会化的创业支援机构给予了有力支持，例如，政府对大学的创业同友会与创业同友联合会有活动经费及资金支持，每年通过这类机构创办的高新技术企业就有百余家。

韩国中小企业厅设立了一项创业基金，奖励扶持大学生创业。为应对金融危机带来的就业困难，创业基金由2008年的2.5亿韩元增加到2009年的6亿韩元，计划扶持120多个优秀大学生创业小组，平均每个小组可获得800万韩元。全罗南道政府也筹集2.2亿韩元用于奖励扶持大学生创业项目，比2008年增加12%，每个创业项目将获得1 000万韩元的支持。一些团体和企业也积极为大学生提供创业基金，例如，首尔产业通商振兴院为在首尔学习的大学生设立了“大学生创业奖”，每年为专家评选出的10个优秀创业项目提供800万韩元的资金支持。

在韩国各种鼓励措施中，效果最直接的要数成立以大学为依托的创业支援中心。几乎在韩国的每一所大学里面，都有创业支援中心。这里实行严进宽出政策，对大学生要求进入中心的申请，韩国政府和学校进行严格筛选。在创业支援中心，大学生可以得到一条龙式服务。大学生创业所急需的人员、场地和资金，在这里都很容易找到。

为使大学生的优秀创业想法和项目变成现实，韩国政府为其提供了比普通企业更优惠的金融和税收政策支持。同时，韩国政府还积极鼓励各种资本对高科技创新企业进行投资，个人对创新项目进行投资时，政府会给予30%的税款返还。

瑞典的大学生创业

以相同的人口基数计算，瑞典是全世界专利及专利申请数最多的国家之一。宜家、H&M、伊莱克斯、沃尔沃、爱立信这些著名品牌都来自瑞典。目前，瑞典的创业教育已纳入国民教育体系之中，内容涵盖了从初中、高中、大学本科直到研究生的正规教育，具有一套完备的创业教育体系。

瑞典的创业教育十分注重实践性。创业教育体系中，不仅包括了普遍开设创业学课程、设立本科和研究生创业管理专业，还包括建立高校创业中心、创业教育研究会等，并通过创业中心与社会建立广泛的外部联系网络，如各种孵化器和科技园、风险投资机构、创业培训与资质评定机构、创业者校友会等，形成了一个高校、社区、企业良性互动式发展的创业教育生态系统，有效地开发和整合了社会各类创业资源。

瑞典的创业教育发展取得了部分社会机构的资金支持。这些机构提供经费以赞助创业教育竞赛、奖励接受创业教育的优秀学生、开发创业教育课程等。同时，不少瑞典大学也设有创业教育基金，基金来源一般是企业或校友捐款、学生创业成果的转化等。这些基金有力地支撑了创业教育的开展。

英国的大学生创业

资金是制约大学生创业的一个瓶颈，尤其是创办科技型企业，面临失败风险大、需要的资金较多的局面。为了鼓励股权投资投向大学生创办的科技型企业，从20世纪90年代中期到2000年，英国采取各种税收激励政策，拓宽私人股权市场投资的范围。在20世纪90年代后期，英国私人股权投资在价值上增加了3倍，2000年时超过60亿英镑。

英国法规中，涉及创业投资税收激励的法规主要有三个：《公司投资法》（EIS）、《创业投资信托法》（VCT）和《公司创业投资法》。以2000

年开始实施的《公司创业投资法》为例，规定以股权投资的方式进入创业投资领域的公司，可以获得税收优惠：如果投资到未上市的小型高风险企业，并持有股份3年以上，可获得的公司税抵免额为投资额的20%；公司税推迟纳税，如果再投资，可获得公司税推迟纳税；损失补偿，处理股权投资时，如果出现资本损失，投资公司可以得到损失补偿。

目前，英国私人股权融资的水平非常高，其私人股权创业投资市场是当前欧洲最大、最发达的市场，每年提供大约38%的创业投资资金，为大学生创办科技型企业提供源源不断的资金。

法国的大学生创业

2006年初，法国政府施行新政策，规定所有创业之前，个人收入低于最低工资的创业申请人，均可得到失业创业补贴，因此很多大学生都可以申请到这项补贴。2006年从这一政策中受益的创业者有7.4万人。

从2007年1月1日起，法国申请失业创业补贴的程序被大大简化。此前，创业者如果想获得该项补贴，必须提前申请，而现在改为在创业后3个月内提出即可。补贴申请表格也由原来的12页改为只有1页，创业者不用再详细阐述自己的盈利计划。从2007年4月起，创业者不用再亲自到相关部门办理烦琐的行政手续，而是可以在互联网上填写所有必要的表格，企业注册费用也可用信用卡支付。

鼓励政策产生了积极影响。根据法国国家统计与经济研究所的报告，在所有新创企业中，87%的企业经营活动能够维持3年以上。

我国大学生创业统计①

与国外相比，我国大学生的创业率依然很低，创业项目成功实现成果

① 此章节内容根据教育部及省级教育部门的一些统计资料整理。

产业化的比例也非常低。但随着网络的兴起，随着高新技术的发展，目前，我国大学生创业的整体数量在增加。

广东

2008年12月，对广东省39所高校共3 900名大三、大四学生进行的创业情况抽样调查显示，有67.62%的同学有创业意愿。2007年，包括选择科技创业的高校毕业生在内，广东只有564名高校毕业生自主创业，仅仅占已就业毕业生总数的0.25%。

上海

2009年上海高校共有毕业生15.8万人，比2008年增加0.9万人。截至2009年7月10日，上海高校共有自主创业毕业生465人，比2008年同期增加了218人，增幅达88.3%。上海高校共有31 796名毕业生面向基层单位就业，占总人数的20.8%。

全国范围

教育部数据显示，截至2010年6月25日，2010年全国大学生自主创业人数总计达到8.8万余人，比往年大幅增长。地方各级政府和高校共为大学生设立创业扶持资金达16亿元；建设大学生创业基地2 056个，总面积达到330万平方米；举办创业培训5 539场次，覆盖学生达88万余人；举办各类创业大赛、创业讲座、论坛等活动近万场，参加学生逾150万人次。

2009年大学毕业生自主创业情况调查分析报告主要数据：

- 选择创业比例还很低（与教育部的数据基本一致）

2009届大学生自主创业人数占毕业生总数的1.2%，与2008届（1.0%）相比略有上升，与2007届（1.2%）持平。自主创业目前还没有成为应届大学毕业生就业时的主要选择。

从学校类型来看，2009 届“211”院校毕业生自主创业者所占比例为 0.4%，非“211”本科院校为 0.8%，高职高专院校为 1.6%；从 2007 届到 2009 届，高职高专自主创业比例远远高于本科。越是就业好的学校，自主创业的毕业生就越少。

从上面来看，能找到好工作的学生一般不愿意创业，仅有少数有想法、有实力的学生能够付诸行动，而高不成低不就的学生自主创业，大概是一种无奈的选择。总体来说，学生还不是积极、主动地去创新、去创业。

- 创业行业主要是销售（技术水平不高）

2009 届大学毕业生自主创业的行业技术水平不高，主要集中在个人服务和销售行业。在排前五位的行业中，创新水平相对较高的各类专业设计与咨询服务业，媒体、信息及通信产业加起来仅占 14%，比例偏低；而零售商业、批发业就占到了约 40%。这些创业行业不需要太多的技术水平，门槛比较低，距离高科技和创新技术领域就更为遥远了。

- 资金来源主要靠父母亲友（融资渠道困难）

2009 届大学毕业生自主创业的资金主要依靠父母/亲友和个人储蓄的，占到 81%，而来自商业性风险投资和政府资助的极少，这两个特点与 2008 届相似。

有创业意愿但家庭经济条件不好的大学毕业生不容易实现创业梦想。政府对 2009 届大学毕业生的自主创业的资助并没有实际增加，资助政策未见效果。

- 创业者收入高于打工者

大学生创业者是一批对收入有更高期待的人群，2009 届大学毕业生自主创业者收入期待底线为 2 429 元，高于同届受雇毕业生 2 024 元约 20%，而通过创业他们的收入达到 3 028 元，确实高于受雇的同届毕业生（2 225 元）1/3 以上。创业者是有想法、有技术的一群大学生，他们自身技能较强，但还没有形成有效的经营方式。

• 创业地多半在家乡

2009 届大学毕业生在家乡创业的占 3/4，其中在外省读大学后返回家乡创业的占 14%；在家乡以外创业的占 1/4，其中留在读书所在地创业的占 6%。其原因可能是毕业生创业的资源更多地来自于长辈，包括资金和人际关系等，因此家乡能提供更好的创业环境。

• 创业项目与专业相关性不大

与其他就业群体相比，创业项目与创业者专业学习的相关性不大，约为 36%，而相应地，受雇就业者的专业相关度约为 64%。这是因为普遍来看，创业更需要沟通、决策、管理等基本能力以引导创业项目走向正轨，而专业能力不足则可以通过雇用拥有相关技术的员工来弥补。

国外教育和中国教育有很大差距，国内“官本位”的思想到现在还很普遍，而国外更热衷于用创业体现自身价值。

工作带来的四个最重要的价值

表 21 的统计表明，对自主创业者来说，绝大多数是为了赚更多的钱，占 39.4%。也就是说，创业者去创业也许是为了实现更好的人生价值，但更多是因为经济因素。而给别人打工的，主要关注工作能给自己带来什么。

表 21　　创业者创业目的统计表　　单位：%

类型 / 创业目的	自主创业	打工
经济	39.4	31.6
工作特性	29.9	40.3
外部回报	10.8	11.6
生活方式	19.9	16.5

对毕业 15 年以上的被调查者进行统计，自主创业者和打工者的财富分布见表 22。表 22 表明，属于贫困即财富小于 5 万美元的，或称为富翁即财富在 250 万美元以上的，自主创业者的比例远高于给人打工的，分别是

11%∶1.9%、24.8%∶11.8%，自主创业者中财富分配更加不平均。

在25万美元到100万美元之间的人群（中产）中，创业者比重也要小于打工者，这也说明，创业是不稳定的一项事业，大学生选择创业需要一定的方法。

表22　　自主创业与打工收入对比统计　　单位：千美元

类型＼收入	<50	50～249	250～499	500～999	1 000～2 499	>2 500
自主创业（%）	11	11.2	17.7	14.6	20.7	24.8
打工（%）	1.9	20.1	24.3	22.8	19.1	11.8

我国大学生创业优惠政策

考夫曼基金会在2002年的研究发现，美国61%的大学和学院在创业方面至少开设了一门课程，人们可以通过职业教育、学士、硕士和博士学习等途径了解和研究创业活动。

中国过去对于这方面的培育远远不够，最近十几年，我们的大学教育已经开始对大学生的创业素质培育开设课程。国内对大学生创业的鼓励政策越来越多，也是为了解决一部分大学生就业问题。本节列举一些教育部最新发布的比较重要的政策规定进行阐述。

《高校学生科技创业实习基地认定办法（试行）》（2010年4月8日）

注：此试行办法首次提出“双实双业”基地这个提法，实习、实训、创业和就业，对大学生创业者来说，选择在“双实双业”基地进行首次创业无疑会得到许多的实惠。比如此办法规定，“国家相关科技计划优先支持‘双实双业’基地依托单位的申报项目”，这里涉及项目孵化、产品采购、创业基金补助等多项措施。

节录：

本办法所称的高校学生科技创业实习基地是指依托高新技术产业开发区、大学科技园或其他园区等设立的，为高校学生提供实习、实训、创业和就业的综合服务平台，简称“双实双业”基地。

本办法所称学生是指高校在校生和应届毕业生以及毕业两年内（含两年）的往届毕业生。

国家相关科技计划优先支持“双实双业”基地依托单位的申报项目。

鼓励国家科技计划项目承担单位聘用高校毕业生参与科研项目研究，其劳务费和有关社会保险补助按规定从项目中列支，具体办法按国科发财〔2009〕97号文件执行。

《教育部关于大力推进高等学校创新创业教育和大学生自主创业工作的意见》（2010年5月4日）

注：此意见稿主要是进一步鼓励税务优惠、工商补助、引入风险投资等做法。目前与高校合作的针对大学科研项目转化及大学生创业的专业风险投资都在进一步增加。创业需要的融资一直是很难解决的事，现在的这个方式，对于大学生创业有极为积极的作用。

节录：

提供多种形式的创业扶持。大学生创业实习或孵化基地要结合实际，为大学生创业提供场地、资金、实训等多方面的支持。要开辟较为集中的大学生创业专用场地，配备必要的公共设备和设施，为大学生创业企业提供至少12个月的房租减免。要提供法律、工商、税务、财务、人事代理、管理咨询、项目推荐、项目融资等方面的创业咨询和服务，以及多种形式的资金支持；要为大学生开展创业培训、实训；建立公共信息服务平台，发布相关政策、创业项目和创业实训等信息。

对应届及毕业2年以内的高校毕业生从事个体经营的，自其在工商部门首次注册登记之日起3年内，免收登记类和证照类等有关行政事业性收费；登记求职的高校毕业生从事个体经营，自筹资金不足的，可按规定申请小额担保贷款，从事微利项目的，可按规定享受贴息扶持；对合伙经营和组织起来就业的，贷款规模可适当扩大。完善整合就业税收优惠政策，鼓励高校毕业生自主创业。

积极争取资金投入。省级教育行政部门要与有关部门协调配合，积极争取当地政府和社会支持，通过财政和社会两条渠道设立“高校毕业生创业资金”、“天使基金”等资助项目，重点扶持大学生创业。要建立健全创业投资机制，鼓励吸引外资和国内社会资本投资大学生创业企业。

中央及各地方主要优惠政策：

- 地方政府每年都会对大学生创业专项资金，对优秀创业企业进行奖励和扶持；
- 地方政府主导的风险投资公司，对符合条件的大学生自主创业企业投入风险资金并帮助上市，对获得贷款的大学生创业企业给予半额或全额贴息；
- 各种税费优惠及税金返还；
- 各地政府在创业场所上，建立大学生创业园，对符合条件的大学生创业企业免费提供办公场所，并给予一定的住房补贴；
- 设立大学生创业园产业化基地，为大学生自主创业企业的进一步发展提供实践实训场地；
- 在行政审批中心设立专门服务窗口，实行从创业立项、工商登记、税收优惠、贷款融资等各个环节的一条龙服务。

申请优惠政策学生创业企业应具备的条件：

1. 企业注册地及工作场所应在依托单位内；
2. 企业创办人为在校本（专）科生、研究生，应届毕业生和毕业 2 年内（含 2 年）的往届毕业生；
3. 企业创办人或团队所占公司股份不低于 30%；

4. 企业成立时间一般不超过3年；

5. 企业一般应为科技型企业。

第一桶金从哪里来？——大学生如何申请创业贷款

比如前面提到的硅谷创业模式成功企业的共性中谈到的创业成功的四大共性：

创始人（团队）：高学历/有知识/诚信/有创业精神

公司技术壁垒：技术突破/模式突破/有市场

资金：风险投资/有资金推动

经营：集新技术的发明家和创业的企业家于一体/会经营

资金问题应该是最棘手的问题。政府对大学生创业专项资金包括小额贷款、创业基金等，但是对于贷款，都必须要有担保人的担保才可以进行，所以大学生申请贷款并不容易。本节对大学生如何申请贷款进行详细分析。当然，除了贷款，寻找风险投资企业是获得资金的方式之一，比如上海的晴寒投资有限公司，网址是 www. qhtz. cn。

何谓大学生创业贷款

首先，我们要知道什么叫做大学生创业贷款。创业贷款是指具有一定生产经营能力或已经从事生产经营活动的个人，因创业或再创业提出资金需求申请，经银行认可有效担保后而发放的一种专项贷款。符合条件的借款人，根据个人的资源状况和偿还能力，最高可获得单笔50万元的贷款支持；对创业达一定规模或成为再就业明星的，还可提出更高额度的贷款申请。创业贷款的期限一般为1年，最长不超过3年；为了支持下岗职工创业，创业贷款的利率可以按照人民银行规定的同档次利率下浮20%，许多地区推出的下岗失业人员创业贷款还可以享受60%的政府贴息。

大学生创业贷款是国家给大学生提供的创业优惠措施，为支持大学生创业，国家各级政府出台了许多优惠政策，涉及融资、开业、税收、创业培训、创业指导等诸多方面。

总之要先创出一点名堂，当得到银行和政府的认可后，想要扩大化，想要再创业，获得创业贷款的几率也就更大了。

大学生创业贷款优惠政策

（1）大学毕业生在毕业后2年内自主创业，到创业实体所在地的工商部门办理营业执照，注册资金（本）在50万元以下的，允许分期到位，首期到位资金不低于注册资本的10%（出资额不低于3万元），1年内实缴注册资本追加到50%以上，余款可在3年内分期到位。

（2）大学毕业生新办咨询业、信息业、技术服务业的企业或经营单位，经税务部门批准，免征企业所得税2年；新办从事交通运输、邮电通讯的企业或经营单位，经税务部门批准，第一年免征企业所得税，第二年减半征收企业所得税；新办从事公用事业、商业、物资业、对外贸易业、旅游业、物流业、仓储业、居民服务业、饮食业、教育文化事业、卫生事业的企业或经营单位，经税务部门批准，免征企业所得税1年。

（3）各国有商业银行、股份制银行、城市商业银行和有条件的城市信用社要为自主创业的毕业生提供小额贷款，并简化程序，提供开户和结算便利，贷款额度在2万元左右。贷款期限最长为2年，到期确定需延长的，可申请延期一次。贷款利息按照中国人民银行公布的贷款利率确定，担保最高限额为担保基金的5倍，期限与贷款期限相同。

以上优惠政策是国家针对所有自主创业的大学生所制定的，各地政府为了扶持当地大学生创业，也出台了相关的政策法规，而且更加细化，更贴近实际。例如，根据国家和上海市政府的有关规定，上海地区应届大学毕业生创业可享受免费风险评估、免费政策培训、无偿贷款担保及部分税费减免四项优惠政策。我们分析一下，可以看出，大学生创业有很高的要求，要承担更多的责任。

大学生创业贷款要求

（1）大学生创业贷款申请者年满十八周岁，具有合法有效身份证明和贷款行所在地合法居住证明，有固定的住所或营业场所；

（2）大学生创业贷款申请者持有工商行政管理机关核发的营业执照及相关行业的经营许可证，从事正当的生产经营活动，有稳定的收入和还本付息的能力；

（3）大学生创业贷款申请者投资项目已有一定的自有资金；

（4）大学生创业贷款用途符合国家有关法律和银行信贷政策规定，不允许用于股本权益性投资；

（5）在银行开立结算账户，营业收入经过银行结算。

大学生创业贷款申请资料

（1）大学生创业贷款申请者及配偶身份证件（包括居民身份证、户口簿或其他有效居住证原件）和婚姻状况证明；

（2）大学生创业贷款申请者个人或家庭收入及财产状况等还款能力证明文件；

（3）大学生创业贷款申请者营业执照及相关行业的经营许可证，贷款用途中的相关协议、合同或其他资料；

（4）大学生创业贷款申请者担保材料：抵押品或质押品的权属凭证和清单，有权处分人同意抵（质）押的证明，银行认可的评估部门出具的抵（质）押物估价报告。

国内大学生主要创业赛事

以大学生创业为名的赛事种类很多，参加大赛可以与风投与导师直接交流，为日后的融资铺路，也可以锻炼自己。主要大赛包括：

“挑战杯”中国大学生创业计划竞赛

“挑战杯”是“挑战杯全国大学生系列科技学术竞赛”的简称，是由共青团中央、中国科协、教育部和全国学联共同主办的全国性的大学生课外学术实践竞赛。“挑战杯”竞赛在中国共有两个并列项目，一个是“挑战杯”中国大学生创业计划竞赛，另一个则是“挑战杯”全国大学生课外学术科技作品竞赛。这两个项目的全国竞赛交叉轮流开展，每个项目每两年举办一届。创业计划竞赛起源于美国，又称商业计划竞赛，是风靡全球高校的重要赛事。它借用风险投资的运作模式，要求参赛者组成优势互补的竞赛小组，提出一项具有市场前景的技术、产品或者服务，并围绕这一技术、产品或服务，以获得风险投资为目的，完成一份完整、具体、深入的创业计划。

“创新中国”（DEMO China）全国巡回赛

“创新中国”活动自2006年成功引入中国后，现已成功举办4届，成为创新项目在中国寻找风险投资、发展业务伙伴的最具影响力的大型活动之一，每年有将近200家创新型的企业在“创新中国”的舞台上展现它们的产品，累计成功融资近32家企业，金额近5 000万美元。

大学生创业成功案例

1998年5月，清华大学举办了首届大学生创业计划竞赛。

1999年4月，“清华大学第二届学生创业大赛”诞生了清华首批的学生创业团队。

技术：

1999年5月，“视美乐”主发起人王科和徐中分别是这次比赛的组织者和参与者。他们共同创办视美乐公司，打算将自己发明的多媒体液晶投影仪转化为真正的产品。

融资：

1999 年 7 月，在清华兴业投资管理公司的帮助下，视美乐公司获得了上海第一百货公司首期提供的 250 万元风险投资。上海一百承诺总投资规模为5 250万元人民币。

2000 年 4 月，澳柯玛决定投资 3 000 万元，与“视美乐”签订合资协议，成立北京澳柯玛视美乐公司（简称澳视公司），双方各占新公司 50% 的股份。

目前，澳视公司在北京拥有国内一流的研发中心，在青岛建立了 3 500 平方米的现代化独立厂房和年产能力 10 万台的生产线，与 60 多家经销商签订了代理协议，12 月产品投放市场。

成功分析：从创业竞赛中脱颖而出，团队有好的产品并在母校帮助下及时得到融资，两次过亿元。

经营问题方面，因为有一个比较大的上市公司作为合作伙伴，所以管理问题得到解决。主创人员更多的只需要负责技术革新，专心于研发。

缺点：这个创业虽然成功，但在融资后创始人股权被稀释，更多成为母公司的技术提供方，未能独立上市。虽然有母公司保驾护航，但自己也失去了独立性。

>> 如何撰写创业计划书

创业计划书主要是为了融资而使用，虽然没有一个通用的范本，但每一份计划书都必须包含与创业有关的关键内容，要给投资者加深印象，要简单明了。主要有以下一些内容。

公司基本情况

这一部分要介绍公司的主营产业、产品和服务，公司的竞争优势以及成立的地点、时间，所处阶段等基本情况。要突出介绍公司的竞争优势。

计划摘要列在商业计划书的最前面，要涵盖计划的要点。计划摘要一般包括以下内容：公司介绍、主要产品和业务范围、市场概貌、营销策略、销售计划、生产管理计划、管理者及其组织、财务计划、资金需求状况等。

公司业务描述

这一部分介绍公司的宗旨和目标，公司的发展规划和策略。有一个长远而清晰、脉络分明的发展方向。

在介绍企业时，首先要说明创办新企业的思路、新思想的形成过程以及企业的目标和发展战略。

其次，要交代企业现状、过去的背景（除了初创的企业）和企业的经营范围。

最后，介绍企业家自己的背景、经历、经验和特长等，即企业家的素质。

产品或服务

这一部分介绍公司的产品或服务，描述产品和服务的用途和优点、有关的专利、著作权、政府批文等。

在进行投资项目评估时，投资者最关心的问题之一就是企业的产品、技术或服务能否以及在多大程度上解决现实生活中的问题，或者，风险企业的产品（服务）能否帮助客户节约开支，增加收入。因为这样的内容会让投资者清楚这个企业以及企业的产品到底有多大的前景，决定他们如何投资。因此，产品介绍是商业计划书中必不可少的一项内容。

产品介绍应包括以下内容：产品的概念、性能及特性，主要产品介绍，产品的市场竞争力，产品的研究和开发过程，发展新产品的计划和成本分析，产品的市场前景预测，产品的品牌和专利。

产品介绍都要附上产品原型、照片或其他介绍，并回答以下问题：

（1）客户希望企业的产品能解决什么问题，客户能从企业的产品中获得什么好处？

（2）企业的产品与竞争对手的产品相比有哪些优缺点，客户为什么会选择本企业的产品？

（3）企业为自己的产品采取了何种保护措施，企业拥有哪些专利、许可证，或与已申请专利的厂家达成了哪些协议？

（4）为什么企业的产品定价可以使企业产生足够的利润，为什么用户会大批量地购买企业的产品？

（5）企业采用何种方式去改进产品的质量、性能，企业对发展新产品有哪些计划？

收入来源

这一部分介绍公司的收入来源，预测收入的增长，并且应该据此画出表格模型，给人一目了然的感觉。

市场预测

创业企业要开发一种新产品或向新的市场扩展时，首先就要进行市场预测。在商业计划书中，市场预测应包括以下内容：市场现状综述、竞争厂商概览、目标客户和目标市场、本企业产品的市场地位、市场风格和特征等。

对需求进行预测：市场是否存在对这种产品的需求？需求程度是否可以给企业带来所期望的利益？新的市场规模有多大？需求发展的未来趋向及其状态如何？影响需求都有哪些因素？

竞争情况及市场营销

这一部分分析现有和将来的竞争对手，它们的优势和劣势，以及相应的本公司的优势和战胜竞争对手的方法。对目标市场作出营销计划。

当要创业或要进入一个新市场时要先作竞争分析，竞争有时是来自直接的竞争者，有时是来自其他行业。

对市场竞争的情况即企业所面对的竞争格局进行分析：市场中主要的竞争者有哪些？是否存在有利于本企业产品的市场空档？本企业预计的市场占有率是多少？本企业进入市场会引起竞争者怎样的反应，这些反应对企业会有什么影响？等等。

影响营销策略的主要因素有：

（1）消费者的特点；

（2）产品的特性；

（3）企业自身的状况；

（4）市场环境方面的因素。

在商业计划书中，营销策略应包括以下内容：

（1）市场机构和营销渠道的选择；

（2）营销队伍和管理；

（3）促销计划和广告策略；

（4）价格决策。

管理团队

对公司的重要人物进行介绍，包括他们的职务、工作经验、受教育程度、擅长的工作及特点等。了解公司的全职员工数，兼职员工人数，哪些职务空缺。

企业管理的好坏，直接决定了企业经营风险的大小。管理团队是企业管理的重中之重。

企业的管理人员应该是互补的，而且要具有团队精神。一个企业必须要具备负责产品设计与开发、市场营销、生产作业管理、企业理财等方面的专业人才。在商业计划书中，必须要对主要管理人员加以阐明，介绍他们所具有的能力，他们在本企业中的职务和责任，他们过去的详细经历及背景，以便投资者能够分析出这个管理团队的成功几率，另外，也要实事求是，以免将来造成不必要的麻烦。

对公司结构作一简要介绍，包括：公司的组织机构图；各部门的职能与责任；各部门的负责人及主要成员；公司的报酬体系；公司的股东名单，包括认股权、比例和特权；公司的董事会成员；各位董事的背景资料。

财务预测

公司目前的财务报表及五年的财务报表预测。投资的退出方式（公开上市、股票回购、出售、兼并或合并）。

财务规划包括现金流量表、资产负债表以及损益表。

流动资金。企业在初创或扩张时，对流动资金需要有预先周详的计划和进行过程中的严格控制。

损益表反映的是企业的盈利状况，它是企业在运作一段时间后的经营结果；资产负债表则是反映企业在某一时刻的经营状况，投资者可以用资产负债表中的数据得到的比率指标来衡量企业的经营状况以及可能的投资回报率。投资者能看到企业的压力和未来的发展力，他会衡权之后，选择有效的投资方式来帮助企业，有时不是投资越多越好，恰到好处的投资，更能激发企业的动力和创造力。

财务规划一般包括以下内容：（1）商业计划书的条件假设；（2）预计的资产负债表、预计的损益表、现金收支分析、资金的来源和使用。

财务规划和企业的生产计划、人力资源计划、营销计划等都是密不可分的。要完成财务规划，必须要明确下列问题：（1）产品在每一个期间的发出量有多大？（2）什么时候开始产品线扩张？（3）每件产品的生产费用是多少？（4）每件产品的定价是多少？（5）使用什么分销渠道，所预期的成本和利润是多少？（6）需要雇用哪几种类型的人？（7）雇用何时开始，工资预算是多少？等等。

资本结构

公司目前及未来资金筹集和使用情况，公司融资方式，融资前后的资本结构表。

附录

支持上述信息的资料：管理层简历、销售手册、产品图纸等。其他需要介绍的内容。

国内外创业教育发展

◎创业教育的起源

◎国内创业教育现状

>> 创业教育的起源

“创业教育”一词最早是由联合国教科文组织1989年在北京召开的“面向21世纪教育国际研讨会”上提出的。经济合作与发展组织的专家柯林·博尔将创业教育总结为：创业教育是指通过开发和提高学生创业基本素质和创业能力的教育，使学生具备从事创业实践活动所必需的知识、能力及心理品质，是未来人们应掌握的“第三本教育护照”。

每个人受教育的结果都是为了将来能够有更好的发展，为了能够找到工作，为了能够有一个饭碗，为了能够去搏击自己的梦想。与其寻找工作，不如创造出工作，让别人来寻找你，这么说，有什么能够比创业更令人兴奋的呢？

自1967年美国斯坦福商学院首次开设创业教育课程以来，美国已经形成了系统的创业教育体系。斯坦福商学院开发了21门创业学科领域课程，比较热门的有“创业管理”“创业机会评价”“创业和创业投资”“投资管理和创业财务”“管理成长型企业”“高科技企业的战略管理”等，主要面向MBA学生。在创业教育领域，美国2001年还专门出版了《创业教育国家标准》，对创业课程以及各阶段设置课程都做了详细指导。创业教育在一些国家已逐步纳入国民教育体系，美国有300多所大学开设了创业教育课程，英国至少45%的大学都开设有创业教育课程。同时，创业教育形式多样化，除各种创业俱乐部外，还有每年度的创业者大会和创业计划大赛，既可以听取业界人士的经验之谈，更能亲自参与到创业当中。德国、荷兰、瑞典和爱尔兰等欧洲国家让学校与实习中心挨着，人们称其为学生车间，学生可以在这里实习，其具有培育企业孵化器一样的功能，同时还开展一些商业游戏。这些学校成立创业中心，提供各种设施条件、咨询和低息贷款，鼓励和支持年轻学子的商业想法。

同时，国外的大学每年耗费巨资支持学生创业项目，为项目研究和评估提供物质资源和教师指南，举办创业教育座谈会和研讨会，这些都需要产业部和教育部投入大量的预算和承担相应的义务。以荷兰为例，2000 年荷兰的经济事务部建立了一个创业和教育委员会，并与教育部一起建立一系列模型，目标就是在所有的教育阶段即从小学到大学中引进创业，得到了1 000 万荷兰盾的资助，研究出一种创业的学习路径，配合学习路径编制出好的实践目录，以及与来自企业界、教育界的专家座谈。

国外的创业教育起步比我们国家要早，发展要成熟得多，那么，我们国家的创业教育状况如何呢?

国内创业教育现状

我国的创业教育是从 1998 年清华大学经管学院开设创业教育课程开始的，其课程也是参考了斯坦福商学院的先进经验而设置的。随后西北工业大学、北京航空航天大学等学校相继开设了创业课程，2002 年 4 月，教育部将清华大学、中国人民大学、北京航空航天大学、武汉大学、上海交通大学、西安交通大学、黑龙江大学和南京经济学院 8 所院校定为开展创业教育试点院校。随着市场机制趋于成熟，创业环境的改善及经济持续快速增长带来的创业机会增多，创业教育在国内商学院逐渐普及开来。2006 年浙江大学管理学院第一个开设了创业学博士班。这些情况都说明，我们国家越来越看重对学生的创新、素质教育。

广泛开展创业教育，对高等教育的改革和发展、对提升民族的自主创新能力、对构建社会主义和谐社会和实现经济又好又快地发展都具有重要的现实意义。而当前我国的创业教育还处于起步阶段，其相关实践落后于西方国家很多年。他山之石，可以攻玉。通过分析和回顾国外创业教育的发展历程，可以为如何进一步做好我国高校的创业教育提供很多思考和启示。创业教育与创业是紧紧联系在一起的，我们应该为那些想要创业和有想法的学生们提供一套行之有效的系统和方法，而且要积极鼓励学生们尝试进行开创性的工作。我国政府针对为大学生创业服务的相关职能还相对滞后，例如，各种审批手续烦琐，对大学生创业的各种限制太多，这导致创业者在创业过程中要花费太多的时间、精力去处理一些琐事，增加了大学生的创业成本。另外，风险投资的发展局限性也为大学生的创业设置了一定障碍，使大学生创业融资渠道太窄，难以使一些好的创业构思转化为现实的公司。政府部门要加强在支持大学生创业方面的相关政策、法规的制定，为大学生创业活动扫清障碍，提供有效的政策支持。政府可以联合银行、高校和企业设置大学生创业基金，对有发展潜力的大学生创业项目提供资金上和技术上的支持。如银行开设由高校担保的大学生创业基金小额贷款，企业提供大学生创业项目可行性分析和所需的技术等。同时政府可以给予大学生创业税率方面的优惠，增加一定的投资，提高大学生的创业热情。目前在苏州、杭州、昆山等地的政府扶持创业政策中已出现税收、贷款等方面的优惠政策，当地的创业园也蓬勃发展。

首先是优化我们的创业教育外部环境，把实施创业教育作为政府、社会和高校共同的责任和义务。教育本身也不仅仅是学校的任务，整个政府、社会都是教育的影响者，只有政府支持、社会保障，学校才能更好地进行这样的教育。社会对大学生创业实践活动的关注和支持程度将直接影响到大学生创业的热情，我们需要培育和形成一整套完善的大学生创业服务与保障机制，为大学生创业营造一个宽松的环境和良好的氛围。近年来，许多高校也相继推出鼓励学生创业的有益举措，例如，清华大学制定相关政策，允许一部分有创造力、有决心的学生，在创业的关键时期申请休学，开创“休学创业”先河。

其次是要完善创业教育课程，由于我国的创业教育起步晚，缺乏完整的知识体系和课程结构作支撑，可操作性不强。要使我国大学创业教育取得理想成果并迅速发展，应当尽快建立一套适合我国国情和高校实际情况的创业教育体系，开发实用、科学的创业教育课程，只有这样我国大学的创业教育才有章可循，才能从抽象、宏观走向具体，取得实效成果。国外的创业教育已经相当发达了，而且形成了系统化，我们应积极借鉴国外大学实施创业教育的有益经验并结合我国地实际，围绕创业的具体环节展开，全面开展面向全校学生的必修和选修课程，培养学生创业意识，完善学生综合素质。在课程设置上，把创业社会常识、创业心理和技能、市场经济、经营管理、商务知识、财务管理、法律知识、公关和交往等与创业密切相关的课程增加进去。而教育不但要有学生，最重要的是老师。创业教育更需要创业老师。优秀的师资也必不可少，创业导师是教学主体，国外的创业导师大都有过创业经历，能较准确地把握创业教育的社会需求变化，更有效地实施教学。我们不仅需要能够讲好课的大学老师来为同学们讲解，更需要那些真正取得成功的创业者们来现身说法，讲述他们成功的秘诀。因此，我们应聘请拥有丰富实战经验的企业家、风险投资家等担任创业导师，对各项创业实践活动进行指导和教学，并通过有效的评估和反馈完善教育体制。

最后就是加强创业实践体系。高校可以利用自身的社会资源有计划地开辟学生创业实践场所，按照“双向受益、互惠互利”的原则，建立一些稳定的创业实践基地，保持长期的合作关系，采取委托、联合、短期进修、聘请讲授等多种途径，构建社会化的学习网络，形成学校、企业和社会相互连通的学习援助系统。只有创业风气和创业教育体系形成一个整体，才能出现更多的造福于社会的企业。例如，现在许多城市创办的学校科技园、创业园、孵化器，鼓励学生在不影响学习的情况下利用周末及业余时间创立一些投资少、见效快、风险小的项目，营造创业氛围。

另外就是创业计划大赛。创业计划大赛是创业教育的重要组成部分，自1998年清华大学首次举办以来，全国性的创业计划大赛已举办了多届，竞赛在全国高校掀起了创业高潮，产生了较好的社会反响。目前为鼓励大学生创业，国家也制定了一系列优惠政策，如《教育部关于大力推进高等学校创新创业教育和大学生自主创业工作的意见》中提出要为大学生开辟较为集中的创业专用场地，提供至少12个月的房租减免。注册登记之日起

3 年内免收有关行政事业收费，自筹资金不足的可按规定申请小额担保贷款。各个地方政府每年都有对大学生创业的专项资金及各种税费优惠及税金返还等。实践证明创业计划大赛是一种行之有效的方法，见效快、收获大。学生在创业作品的设计过程中，会综合运用各种知识，查阅大量的资料，其过程本身就是一种极大的锻炼，提高了学生的实践能力、创新能力和协调能力。

结束语

写到此处，本书即将结束，本书的写作凝聚了笔者大量的精力，从参考国内外相关的理论文献，到整理并统计国内外成功失败案例数据，每个数字每张图表都凝聚着笔者的辛勤汗水。

读者可能对我序言中提到的我的第一笔风险投资项目还有印象，这个项目最后失败了。后来他们其中一位回到了一家国际一流的咨询公司，另外一个第三次创业终于成功。

在此，笔者再次带您回顾本书的主要内容，希望能够与您重温本书的精华部分，温故而知新，之后能够获得新的收获。

本书开始部分，笔者根据中国的创业板、中小板，中国香港创业板和美国纳斯达克等上市公司成功案例的数据，按照特征分析方法，将其创始人的成功特征按照心理素质、教育程度、学科背景、工作经历、创业年龄、创业时间、家庭背景等要素进行统计和归纳，得出本书的主要结论，即在中国什么样的人创业最有可能成功。

这些因素包括：

具有超强心理素质的创业者成功可能性高；

具有高学历的创业者成功可能性高；

具有理工科背景的创业者创业成功的可能性高于文科专业的学生；

创业之前拥有 5 年以上工作经验的创业者成功的可能性高于没有工作经验的创业者；

创业年龄在 30 ~ 40 岁的创业者创业成功的可能性高。

笔者认为，除了上述特征之外，创业企业家同时还需具备以下要素：

责任感

创业者是企业的核心，只有强烈的责任感、使命感，才能使创业者无论遇到什么样的困难，都有完成事业的决心。责任感体现了创业者的工作态度和工作作风，这是创业成功的关键和保证。

只有将责任感融入企业核心价值体系和商业模式中，一个企业才能行之久远，一个创业者才能获得真正的成功。缺乏责任感，最大的表现就是只算计个人得失，只顾个人利益，注重眼前利益胜过长远利益。因此，这种责任感不仅是关心自己的利益，还包括关心企业员工、社会、投资者等的利益，只有具备责任感的创业者，才能考虑到企业的长远发展。

耐心与坚持

没有一个企业在成长过程中不经历风浪，创业者要有足够的耐心去坚持他们创业之初的理想。

具有冒险精神

创业者的冒险精神，是创业者与普通人的区别所在，没有冒险精神的人不会走出创业的第一步。创业者总要在各种诱惑、选择中作艰难抉择。所以，一个创业者如果没有一点冒险精神，没有敢决断的胆识与魄力，是要错失发展机遇的。

由于写作时间的紧迫和笔者阅历的有限，本书不免存在不足之处。本书在对成功案例进行分析的基础上获得的是什么样的人在中国创业可能成功的几大要素，现实中没有途径和工具获得足够多的失败案例，比如创业者学科背景的分析中，我们无法获得所有理工科毕业生的人数、所有理工科毕业生选择创业的人数、在选择创业的理工科毕业生中间成功的人数等数据。因此，本书的主要结论更多的是通过归纳成功案例的特征，我们相信这些数据具有普遍性，希望能够与读者一起分享我们的成果。如果读者对创业有兴趣或者对本书内容有疑问，欢迎与我联系（lhz@ qhtz. cn）。

参考文献

[1]《全球创业观察中国报告（2003)》。

[2]《全球创业观察中国报告（2005)》。

[3]《中国民营企业发展报告（2005)》。

[4] 温州民营企业生命周期专项研究课题组:《温州民营企业生命周期报告》，2009。

[5] 陈家声、吴奕慧:《华人创业家精神与创业模式》，行政院国家科学委员会专题研究计书，1992，NSC 92 - 2416 - H - 002 - 045。

[6] 张宏荣："An Integrative Model of Strategic Entrepreneurship"，载《经营管理论文》，2009，5（1）：81 - 98。

[7] 林南宏、何庆煌:《创业精神与经济指标的关联性研究》，载《创业管理研究》，2007，2（4）：113 - 142。

[8] 汪宜丹:《创业企业家心理特征识别与创业精神培育研究》，同济大学博士学位论文，2007。

[9] 沈红明:《创业企业家心理素质培育研究》，合肥工业大学硕士学位论文，2006。

[10] 靖治:《北京市下岗再就业人员创业心理训练之研究》，内蒙古师范大学硕士学位论文，2009。

[11] Babak Ziyae, Zainal Abidin Mohamed, "Entrepreneurship Engineering: A Structural Perspective at Manufacturing Companies inYazd City, Iran", *Journal of Economics and Management*, 2009, 3 (2): 237 - 247.

[12] Bora Aktan, Cargri Bulut, "Financial Performance Impacts of Corporate Entrepreneurship in Emerging Markets: A Case of Turkey", *European Journal of Economics, Finance and Administrative Sciences*, 2008, ISSN 1450 - 2275 Issue 12.

[13] Marco van Geldeeren, Michael Frese, Roy Thurik, "Strategies, Uncertainty and Performance of Small Business Startups", *Erim Report Series Research in Management*, 2000, ERS - 2000 - 18 - STR.

[14] Lussier, R. N. , "Startup Business Advice from Business Owners to Would - be - Enterpreneurs", *S. A. M. Advanced Management Journal*, Winter 1995: 10 -15.

[15] BrockHaus, R. H. , Horwitz, P. S. , *The Psychology of the Entrepreneur*, Cambridge, MA: Ballinger, 1986.

[16] Furnham, A. , Personality at Work: The Role of Individual Differences in the Workplace, 1992, London: Routledge.

[17] Beckman CM. , "The Influence of Founding Team Companya Afiliation on Firm Behavior", *Academy of Management Journal*, 2006, 49 (4) : 741 -758.

附　录

◎ 统计基本概念和术语

◎《创业投资企业管理暂行办法》

◎《关于促进创业投资企业发展有关税收政策的通知》

◎归国留学人员创业优惠政策

统计基本概念和术语

总体与样本

研究中实际观测或调查的一部分个体称为样本，研究对象的全部称为总体。为了使样本能够正确反映总体情况，对总体要有明确的规定；总体内所有观察单位必须是同质的；在抽取样本的过程中，必须遵守随机化原则。样本的观察单位还要有足够的数量，又称“子样”，是按照一定的抽样规则从总体中取出的一部分个体，样本中个体的数目称为“样本容量”。

误差

即测量结果与被测量值之差。物理实验离不开对物理量的测量，测量有直接的，也有间接的。由于仪器、实验条件、环境等因素的限制，测量值不可能无限精确，物理的测量值与客观存在的真实值之间总会存在一定的差异，这种差异就是测量误差。

误差与错误不同，错误是应该而且可以避免的，而误差是不可能绝对避免的。误差主要有系统误差和随机误差，系统误差有下列情况：误读、误算、视差、刻度误差、磨耗误差、接触力误差、挠曲误差、余弦误差等。系统误差的大小在测量过程中是不变的，可以用计算或实验方法求得，可以预测，并且可以修正或调整使其减少。这些因素归纳成五大类：人为因素、量具因素、力量因素、测量因素、环境因素。随机误差即在相同条件下，对同一物理量进行多次测量，由于各种偶然因素，会出现测量值时而偏大、时而偏小的误差现象。

《创业投资企业管理暂行办法》

2005年9月7日国务院批准，2005年11月15日国家发展改革委、科技部、财政部、商务部、中国人民银行、国家税务总局、国家工商行政管理总局、中国银监会、中国证监会、国家外汇管理局联合发布，该办法自2006年3月1日起施行。

该办法从促进创业投资企业发展，规范其投资运作，鼓励其投资中小企业特别是中小高新技术企业方面奠定基础，由国家十部委联合发布，从财政、税收、工商行政管理、金融监管、科技成果转化等多方位全角度对我国的科技中小型企业的风险投资进行复制，具体体现在以下方面：

1. 行业规范与备案制度

第三条 国家对创业投资企业实行备案管理。凡遵照本办法规定完成备案程序的创业投资企业，应当接受创业投资企业管理部门的监管，投资运作符合有关规定的可享受政策扶持。未遵照本办法规定完成备案程序的创业投资企业，不受创业投资企业管理部门的监管，不享受政策扶持。

第四条 创业投资企业的备案管理部门分国务院管理部门和省级（含副省级城市）管理部门两级。国务院管理部门为国家发展和改革委员会；省级（含副省级城市）管理部门由同级人民政府确定，报国务院管理部门备案后履行相应的备案管理职责，并在创业投资企业备案管理业务上接受国务院管理部门的指导。

这两条规定，表明了在享受政府打开方便之门的同时，风险投资将要承担更大的责任，并且要接受政府的指导作用。这个行业将更为规范，更为精细化，对于金融风暴的来临，也能够临危不惧。

2. 风险投资企业的组织形式

第六条 创业投资企业可以以有限责任公司、股份有限公司或法律规定的其他企业组织形式设立。

以公司形式设立的创业投资企业，可以委托其他创业投资企业、创业投资管理顾问企业作为管理顾问机构，负责其投资管理业务。委托人和代理人的法律关系适用《中华人民共和国民法通则》、《中华人民共和国合同法》等有关法律法规。

这一条主要是让风险投资更加正规化，而且使企业的融资渠道更鲜明，除了银行之外，风险投资公司也是融资的好地方，以公司的形式成为资本运作的企业，会避免很多法律上带来的麻烦。

3. 风险投资企业的条件

第九条　创业投资企业向管理部门备案应当具备下列条件：

（一）已在工商行政管理部门办理注册登记。

（二）经营范围符合本办法第十二条规定。

（三）实收资本不低于3 000万元人民币，或者首期实收资本不低于1 000万元人民币且全体投资者承诺在注册后的5年内补足不低于3 000万元人民币实收资本。

（四）投资者不得超过200人。其中，以有限责任公司形式设立创业投资企业的，投资者人数不得超过50人。单个投资者对创业投资企业的投资不得低于100万元人民币。所有投资者应当以货币形式出资。

（五）有至少3名具备2年以上创业投资或相关业务经验的高级管理人员承担投资管理责任。委托其他创业投资企业、创业投资管理顾问企业作为管理顾问机构负责其投资管理业务的，管理顾问机构必须有至少3名具备2年以上创业投资或相关业务经验的高级管理人员对其承担投资管理责任。

这一条也是对应前两条更加精细的说明，风险投资不再是杂乱的民间融资，而是有备案、有确定资金的正规投资公司。

4. 风险投资企业的投资方式

第十四条　创业投资企业可以以全额资产对外投资。其中，对企业的投资，仅限于未上市企业。但是所投资的未上市企业上市后，创业投资企业所持股份的未转让部分及其配售部分不在此限。其他资金只能存放银行、购买国债或其他固定收益类的证券。

第十五条 经与被投资企业签订投资协议，创业投资企业可以以股权和优先股、可转换优先股等准股权方式对未上市企业进行投资。

第十六条 创业投资企业对单个企业的投资不得超过创业投资企业总资产的20%。

上面的具体投资方式，避免了一些投机炒作的成分，避免企业上市后，反而将企业做垮、圈钱等危害。

5. 风险投资企业的存续期限

第十九条 创业投资企业可以事先确定有限的存续期限，但是最短不得短于7年。

6. 风险投资企业的政策扶持

第二十二条 国家与地方政府可以设立创业投资引导基金，通过参股和提供融资担保等方式扶持创业投资企业的设立与发展。具体管理办法另行制定。

第二十三条 国家运用税收优惠政策扶持创业投资企业发展并引导其增加对中小企业特别是中小高新技术企业的投资。具体办法由国务院财税部门会同有关部门另行制定。

第二十四条 创业投资企业可以通过股权上市转让、股权协议转让、被投资企业回购等途径，实现投资退出。国家有关部门应当积极推进多层次资本市场体系建设，完善创业投资企业的投资退出机制。

国家对风险投资公司更加重视，在政策方面有很多具体扶持的措施，也希望风险投资公司能够正规化运营，把钱用到实处，对企业有所帮助，自然会有高额回报。

》《关于促进创业投资企业发展有关税收政策的通知》

2007年2月，财政部、国家税务总局颁布《关于促进创业投资企业发展有关税收政策的通知》，对创业投资企业以股权投资方式对未上市中小高新技术企业进行投资的税收优惠政策进行了规定。

创业投资企业采取股权投资方式投资于未上市中小高新技术企业2年以上（含2年），凡符合下列条件的，可按其对中小高新技术企业投资额的70%抵扣该创业投资企业的应纳税所得额。

（一）经营范围符合《创业投资企业管理暂行办法》（以下简称《办法》）规定，且工商登记为“创业投资有限责任公司”，“创业投资股份有限公司”等专业性创业投资企业。在2005年11月15日《办法》发布前完成工商登记的，可保留原有工商登记名称，但经营范围须符合《办法》规定。

（二）遵照《办法》规定的条件和程序完成备案程序，经备案管理部门核实，投资运作符合《办法》有关规定。

（三）创业投资企业投资的中小高新技术企业职工人数不超过500人，年销售额不超过2亿元，资产总额不超过2亿元。

（四）创业投资企业申请投资抵扣应纳税所得额时，所投资的中小高新技术企业当年用于高新技术及其产品研究开发经费须占本企业销售额的5%以上（含5%），技术性收入与高新技术产品销售收入的合计须占本企业当年总收入的60%以上（含60%）。

高新技术企业认定和管理办法，按照科技部、财政部、国家税务总局《关于印发〈中国高新技术产品目录2006〉的通知》、科技部《国家高新技术产业开发区高新技术企业认定条件和办法》、《关于国家高新技术产业开发区外高新技术企业认定有关执行规定的通知》等规定执行。

创业投资企业按本通知第一条规定计算的应纳税所得额抵扣额，符合抵扣条件并在当年不足抵扣的，可在以后纳税年度逐年延续抵扣。

归国留学人员创业优惠政策

一、何界定留学人员

留学人员是指我国公派或自费出国留学一年以上，并具备以下条件之一者：

1. 在国外取得学士及以上学位或获得国外毕业研究生学历；

2. 出国前已具有中级以上专业技术职务；

3. 国内已获博士学位，出国进行博士后研究或进修。

二、留学人员创业可以申请的扶持资金

1. 中关村科技园区留学人员创业企业资助资金（每季度评审一次）

网址：http：//www. zgc. gov. cn

2. 科技部中小企业技术创新基金

网址：http：//www. innofund. gov. cn

3. 人力资源和社会保障部、北京市人力资源和社会保障局留学人员项目择优资助资金（每年评审一次）

网址：http：//www. bjp. gov. cn

4. 国家高技术研究发展计划（863 计划）、国家重点基础研究发展计划（973 计划）等国家计划项目

归国留学人员充分利用政策优惠可以大大增加创业的成功几率。本节举例说明如何申请创业基金及申请入驻创业园区，具体政策应根据创业者

选择的创业地点、创业涉及的技术创新，具体选择创业园区，每个园区都有不同的规定，但基本要求与优惠项目大致相同。

三、中关村科技园区留学人员创业企业资助资金

为鼓励和吸引海外留学人员归国到中关村科技园区创办高新技术企业，与留学人员归国创业政策和服务体系相配套，在中关村科技园区设立“归国留学人员创业专项资金”。

1. 资金的主要使用方式

（1）归国留学人员创业服务体系建设资金。主要用于归国留学人员创业服务体系建设和完善，包括组织留学人员归国考察交流，创业留学人员项目洽谈、联谊等活动，留学人员归国创业服务工作经费支出，吸引留学人员归国创业宣传支出，对有突出贡献的归国创业留学人员给予奖励，扶持留学人员创业孵化机构等。

（2）资助留学人员到园区创业。为鼓励留学人员到中关村科技园区创业，设立专项资金，采取公司资本金注入和无偿拨付两种方式资助留学生到园区创业，发挥专项资金的引导作用。

①公司资本金注入。归国留学人员在园区注册登记高新技术企业，经资金管理小组对留学人员资质和技术项目水平审查后，可按自有注册资本金额度一次性匹配一定比例的资金，最高限额为30万元；匹配资金按比例折算股权，股权可按规定转让或出售，也可由企业优先回购，股权收益纳入专项资金滚动发展。创业资本金的股权持有人为北京市新技术产业发展服务中心，股权持有人对投资效益进行监管，但不参与企业经营决策。

②无偿拨付。经资金管理小组对留学人员资质和技术项目水平审查后，对具有良好发展前景的留学人员创办的高新技术企业和在中关村科技园区注册、与园区发展建设相关的中介机构，在办理工商注册登记后，给予小额度创业资金扶助，一般为10万元左右。

③归国留学人员在园区注册高新技术企业或与园区建设发展相关的中

介机构，可委托中关村科技园区管委会指定的中介代理机构，办理工商注册登记的有关手续，其注册登记手续费用由专项资金给予适当补贴。

2. 申办程序

申请中关村科技园区留学人员创业企业资助资金，可进入中关村国家自主创新示范区网（www. zgc. gov. cn）项目申报中心，填写“中关村科技园区留学人员创业企业资助资金申报表”。

（1）提供的材料

①企业法人营业执照；

②银行入资单；

③高新技术企业证书；

④企业章程；

⑤科技成果（新产品）鉴定证书；

⑥专利证书；

⑦获奖证书；

⑧留学人员身份证明（护照）；

⑨留学人员学历、学位证明（证书）；

⑩驻外使领馆开具的留学回国人员证明。

（2）申报条件

①企业注册地点应在中关村科技园区政策区范围内，并取得高新技术企业资格认定。

②企业法定代表人应为归国留学人员。创办企业的留学人员及其团队应在国外具有良好的留学背景、在本专业获得硕士以上学位并具备一定的企业工作和管理经验。

③申请创业资金的留学人员企业，应为留学人员近期（1 年之内）归国创办的，且企业成立时间不超过 6 个月，留学人员（团队）只能申请一次创业资助资金。

④申请创业资金的留学人员企业，注册资金内应有不低于 50 万元人

民币的现金资产；一名或多名留学人员出资人的出资额占企业注册资本的50% 以上，现金部分出资不低于 25 万元人民币。

⑤推荐单位应为各园区管委会、孵化机构、大学教授或本领域知名人士。推荐人或推荐单位应签署明确推荐意见，推荐人须签字，推荐单位应加盖公章。

⑥提交“中关村园区企业标准征信报告”。

（3）受理机构

中关村科技园区留学人员创业企业资助资金管理小组办公室。

四、上海市主要留学人员创业园区及优惠政策

1. 上海留学人员漕河泾创业园区

上海留学人员漕河泾创业园区于 1996 年 6 月由上海市回国留学人员服务中心和上海新兴技术创业公司共同创建，位于国家级漕河泾新兴技术开发区内，环境良好，交通便利，区内基础设施齐全，通信便捷，集中了众多的科研院所和高新技术企业。园区为留学人员进区创办企业提供咨询和代理服务。同时园区设立了500 万元人民币的创业投资资金和50 万元“种子”资金，进区留学人员企业可根据需要申请。进区企业还可按规定享受国家有关经济技术开发区和高新技术开发区以及上海市、徐汇区的有关优惠政策。

2. 上海留学人员张江创业园区

上海留学人员张江创业园区于 1996 年 6 月由上海市回国留学人员服务中心和上海张江高新技术发展促进中心共同创建。园区设在国家级高新技术产业开发区、国家生物医药科学产业基地之一的张江高科技园区内，位于浦东新区的中部。园区为进区企业提供工商注册、税收等政策咨询，在专家、信息、资金、市场和技术等方面为进区企业提供服务，并可直接对进驻孵化基地的留学人员高新技术产业化项目进行风险投资。园区内企业不仅可享受国家、上海市和浦东新区有关部门认定的高新技术产业优惠政

策，还可享受园区内的有关优惠政策。

3. 上海留学人员嘉定创业园区

上海留学人员嘉定创业园区由上海市回国留学人员服务中心和上海嘉定高科技园区发展总公司于1996年6月共同创建，位于上海嘉定高科技园区内。园区设立有100万元科技发展基金作为支持留学人员创办高新技术产业的低息贷款，另设立有20万元“创业园区”奖励基金。园区负责落实有关方面为留学人员创办企业提供的优惠政策，为留学人员回国创业提供有关服务。

4. 上海市对留学人员的主要优惠政策

（1）出国留学生可以以个人和合伙名义来园区创办企业，参照华侨和港澳台胞来上海投资的有关法律、法规办理，注册资金起点为1.2万美元。

（2）出国留学人员可利用技术专利、科技成果来园区作技术转让、技术承包、技术入股等，也可自办、合办科技企业和股份制企业，还可用个人或境外注册公司的名义来园区投资，并确保来去自由。

（3）上述企业享有按15%税率上缴企业所得税的优惠政策，并享受“二免三减半”的优惠政策，其中经营期在10年以上的，从开始获利的年度起，享受“二免三减半”的优惠政策，符合上海市优惠政策条件的可一并享受。缴纳一定数量的地方税后，还可获得资金奖励。

（4）回国留学人员从事高新技术产业的项目，可向市科委申请“上海市火炬计划”项目贴息贷款，并在同等条件下优先安排，贷款额度根据实际项目审定。

（5）在国外取得博士学位和国外从事博士后研究的留学人员，来园区创业，经市人力资源和社会保障局、市科委共同审批后，可获得市科委一次性科研启动经费2万元。

（6）凡在国外取得学士（含）以上、年龄在35周岁以下、学有所长的留学人员，可向市科委申请“上海市青年启明星计划”的科研经费，在同等条件下优先安排，资助经费为5万元。

（7）在园区落户的留学人员企业，办公场地租金享受“三免二减半”的优惠政策，批租土地以毛地基价获取“七通一平”熟地，以成本价购买标准厂房和优惠价租用标准厂房。

（8）在园区落户的留学人员，可享受租房、购房上的优惠和补贴。

（9）设立人才发展资金，作为支持留学人员科技成果产业化的低息贷款，帮助解决留学人员工作、生活中的特殊困难和奖励留学人员在科技开发和产业化中作出突出贡献的项目。

（10）园区建立留学生创业服务中心，为留学生办理申办企业和提供全面优质的人事人才一条龙服务。

五、苏州留学生创业园及优惠政策

苏州留学生创业园位于苏州高新区内，1996 年挂牌，是国内成立最早的国家级留学生创业园。其细节请参见园区网站。

苏州留学人员创业园优惠政策：

下文节选了苏州新区管委会颁发的园区部分优惠政策，主要是与企业资金使用有关的政策。

第二条 从 2000 年起，苏州新区财政每年按可用财力的 3% 设立科技发展基金，支持高新技术成果转化和科技创新，用来作为对高新技术成果转化的贴息、补助；支持重点产业（如软件产业）及重点项目的引导资金；引进大院、大所及科研机构；引进高科技人才、增加对科技孵化器的扶持等。具体由科技局会同财政局实施。

第三条 积极支持和鼓励风险投资公司对区域内拥有自主知识产权的产业化过程中的高新技术企业进行投资和融资担保，加快高科技成果的产业化进程。

第四条 经认定的高新技术成果转化项目及软件企业，从认定之日起五年内，其增值税、营业税和企业所得税的地方收入部分，由财政按规定返还；之后五年，由财政按规定返还 50%。

企业高新技术成果、专利、专有技术的转让所涉及的营业税、所得税，在国家政策规定范围内，经税务部门审核批准，享受有关减免政策。其余部分由财政列收列支给予返还。

第五条 进区内，外资企业用于研究开发新产品、新技术、新工艺所发生的技术开发费用，按实际发生额税前列支，不受销售额限制。

企业购买国内外先进技术和专利所发生的费用，可按法定有效期限或受益期限，分次摊入管理费用。

第六条 积极鼓励软件产品出口，软件产品的出口按规定享受有关税收优惠政策；出口软件产品的价值按出口合同认定其价格。

第七条 企业开发属于国家、省、市鼓励发展的高新技术领域产品（含软件产品），可自行决定其开发人员的工资发放水平，不受工资总额的限制，并可全额列支成本。

第八条 进入孵化基地（苏州高新技术创业服务中心、苏州国际企业孵化器、苏州留学人员创业园）的科技型企业，从第一次销售开始三年内其企业所得税、营业税和增值税地方所得部分由财政返还。孵化期原则上为三年。

第九条 对从孵化基地毕业，并在新区内择址发展的高新技术企业继续给予支持。企业所得税重新享受“二免三减半”的优惠，由财政按规定返还，实际上缴的营业税和增值税的地方所得部分，第一年返还80%，第二年返还50%，第三年返还20%。

第十条 高新技术成果、专有技术、专利、商标可作为无形资产参与项目投资，其价值占注册资本比例可达35%。合作各方另有约定的，从其约定。

高新技术成果、专有技术、专利、商标作为无形资产参与项目投资的价值，需经具有资质的评估机构评估，也可经各投资方认可并出具书面协议，由工商行政管理部门办理登记注册。

第十一条 进入孵化基地的科技型企业：

海外留学生可以1万美元注册企业；6.1万美元以上（含6.1美元）可注册拥有自营进出口权的企业；海外留学人员既可注册外资企业，也可注册内资企业。内资企业资本金在3万元人民币以上（含3万元）可注册独立法人企业。

第十二条 进入软件园的软件研发企业及在孵化基地内由国内外著名院所所创办的研发、工程中心及海外留学生创办的科技型企业所租用的研发办公用房，第一年免租，第二年按市场价减半征收。

第十三条 由国内外著名院所创办的研发中心和工程中心、从孵化基地毕业的高新技术企业以及软件企业在新区购置生产办公用房，按成本价八折优惠；在苏州新区批租土地，按市场价格的五折优惠。

第十四条 对进入软件园和孵化基地的科技型企业，可免费通过苏州新区软件园和孵化基地专设的局域网进入因特网，免收网络服务费三年。

第十五条 鼓励和支持国内外著名院校、科研院所到苏州新区建立研发中心、工程中心、中试基地和创办高新技术企业，苏州新区从每年的科技发展基金中拿出专项费用给予支持。所创办的研发、工程中心或高科技企业享受高新技术成果转化项目的政策。

第十六条 设立苏州新区人才发展基金，用以资助高新技术企业引进优秀人才，帮助高新技术成果转化主要实施者解决特殊困难；对在科技成果转化中成绩突出者及人才引进单位实行奖励，并授予荣誉称号。

第十七条 在区内进行高新技术成果转化过程中工作业绩突出者，可不受学历、资历和岗位数等条件的限制，破格评定相应的专业技术职务任职资格。

第十八条 外省市来苏从事高新技术成果项目转化、科技创新的科技人员和本科或中级以上职称的经营管理者，给予其本人、配偶及未成年子女苏州市户口指标，其户粮关系准予迁入，免交城市建设费；优先安排其子女就读区内重点学校。

第十九条 凡携带科技成果或重大课题来苏州新区从事高新技术产品

研究开发和生产的科技人员和留学人员购买自住房，按成本价八折优惠；租用苏州新区自有房产作为自用住房，三年内按市场价格的五折优惠。

第二十条 凡享受本意见所规定的各类先征后返的财政补贴资金，其中60%部分补充企业资本公积金，40%部分用于新产品试制费、中间试验费、重要科学研究等科学技术三项费用的补贴。

第二十一条 凡在新区租（购）用房、土地而享受减免、折扣的，中途改变所租（购）用房、土地的用途或转租的，须全额补足所免金额。

第二十二条 原为事业法人的科研机构，转制为企业法人并在新区工商行政管理部门注册的，可享受本意见中所及相关政策。外资企业合资或独资建立的工程或技术研发中心、软件企业，除享受国家有关规定外，也可享受本意见中所及政策。

本书为“人文日新基金”资助项目